55歳からのキリスト教入門

イエスと歩く道

小島誠志

日本キリスト教団出版局

目次

装幀　堀木一男

はじめに

五十五歳の頃の自分のことを思い起こします。牧師としての働きは三十年目でした。働きの上で暗中模索ということはなく、仕事の段取りはほぼ見えるようになっていました。四人の子どものうち三人は就職し一人は病気で家に同居していました。子育ては一応峠を越えた心持ちでした（しかし、この峠は完全に越えることはできません）。

自分の発言に対して周りの若い人たちの反応が変わったなと感じるようになりました。正面から議論をしてくれなくなりました。自分の発言に対して正面から議論せず（こちらはそれを期待しているのですが）退《ひ》くのです。いや発言に対してだけでなく自分の行動に対しても正面きっての反応は見えなくなりました。

年をとったという自覚は自分の中にはありませんでしたが、そうした周りの反応から「年をとったのかな」という思いが与えられるようになりました。

かつては一緒になって怒ったり批判したりしていたつもりでしたが、自分が批判される側の人間になっていると感じ始めていました。

もう一つ。父親は私にとって受け入れることの困難な存在でありました。その父親の存在が次第に突き放せないものになっていました。さまざまな場面で父親につながるものが自分の中にもあると気づかされるようになったのです。

教会形成や実生活の中で自分がどんなに苦労してきたか、悩んできたか、闘ってきたか、そんなことばかり考えていましたが、それだけでなく、人々に支えられてきたことがあったのではないかと、ものが染み通るように気づかされるようになったと思います。

ドストエフスキーの『罪と罰』の中に象徴的な場面があります。世界の不条理に耐えられず、それゆえに犯した罪（殺人）さえ正当化しつづける主人公ラスコーリニコフに恋人ソーニャは言うのです。「大地に接吻し、赦しを乞いなさい」。

抗っていたラスコーリニコフが物語の終わり近く、大地にひざまずき接吻します。

不条理に身をもって抗しつづけることが生きる証しだと考えていたラスコーリニコフが、自分を受容し生かし支えている大地（神）の存在に気づかされるのです。

そんな転換点（ターニングポイント）が人生にはあるのではないか、と思います。

人が年を重ねるということはそういうことではないか、と。

評論家の小林秀雄は五十五歳という年齢を過ぎたとき、「自分の青春は終わったということは認めなければならない」という意味のことを記しています。無論それは単なる嘆きの言葉ではなくある決意が込められた言葉だと理解しています。

第一章　ユダの問題

イエス・キリストに十二人の弟子がいました。その中で福音書によく登場し知られているのはペトロ、ヨハネ、ヤコブです。しかし一般的にもっとも有名なのはユダであります。

ペトロ、ヨハネ、ヤコブ等《ら》についてはイエス・キリストに弟子として呼び出されたときの子細が福音書の中に記されています。しかしユダがどういう状況の中で呼び出されたのかは記されていません。どこの出身か、どんな仕事をしていたか、記されていません。そういう事情の記されていない弟子は他にもいるのですが、だから他の弟子たちについての関心は一般的にそれほど強くないのですが、ユダは別なのです。それはユダの名前が初めて登場する福音書の書き方に由来していると言えると思います。

最初に書かれた福音書マルコの記述を見てみましょう。「イエスが山に登って、これと思う人々を呼び寄せられると、彼らはそばに集まって来た。そこで、十二人を任命し、使徒と名付けられた。彼らを自分のそばに置くため、また、派遣して宣教させ、悪霊を追い出す権能を持たせるためであった。こうして十二人を任命された。シモンにはペトロという名を付けられた。……それに、イスカリオテのユダ。このユダがイエスを裏切ったのである」（マルコ三・一三―一九）。

ルカによる福音書の並行記事の中では「山に登って」という所を次のように記しています。「イエスは祈るために山に行き、神に祈って夜を明かされた」（ルカ六・一二）。イエスは十二人の弟子を任命するために山に登り夜通し神に祈ったのです。気まぐれや思いつきで選ばれた弟子は一人もいないのです。その中に、のちに「イエスを裏切った」ユダがいたのです。

イエスが捕らえられ十字架に処刑される前、イエスは死から生き返らせたラザロの家で食事をしていました。そのとき、ラザロの姉妹マリアが高価な香油を持ってきてイエスの足に塗り、自分の髪でその足をぬぐうという奇態な行動に出たのです。食卓の席にいた一同呆気に取られましたが、ユダは思わず口走りました。「なぜ、この香油を三百デナリオンで売って、貧しい人々に施さなかったのか」（ヨハネ一二・五）。一デナリオンはローマの官吏の一日分の給料ですから、今日の私たちの金額に換算したら二百万円前後でしょう。ユダは、もったいないと思ったのです。ムダ遣いだと思いました。それで「貧しい人々に」と口にしたのです。福音書記者ヨハネはこのユダの言葉に注釈をつけています。「彼がこう言ったのは、貧しい人々のことを心にかけていたからではない。彼は盗人であって、金入れを預かっていながら、その中身をごまかしていたからである」（一二・六）。

ユダはイエス集団の会計係であったのです。機転の利く計算に堪能な人物だったのでしょう。しかしここでは狡猾だったという注釈がつけられています。

イエスはこの女性の行為を、イエスの葬りの日のための備えだと言って弁護しています。「この人のするままにさせておきなさい。わたしの葬りの日のために、それを取って置いたのだから」（一二・七）。

ラザロの死からの復活は神の子イエスの死と復活の恵みに与《あずか》るものであり、その感謝としてマリアの香油は献《ささ》げられたのだとイエスは言われたのです。

ここでもユダは浮き上がった存在ということになっています。この出来事がユダが裏切る契機になったと推測する人もいます。なぜならこのベタニアでの出来事の直後にマルコもマタイも、ユダが裏切りを企てたと記しています（マルコ一四・一〇―一一、マタイ二六・一四―一六）。マタイによる福音書から引用してみましょう。

「そのとき、十二人の一人で、イスカリオテのユダという者が、祭司長たちのところへ行き、『あの男をあなたたちに引き渡せば、幾らくれますか』と言った。そこで、彼らは銀貨三十枚を支払うことにした。そのときから、ユダはイエスを引き渡そうと、良い機会をねらっていた。」

蛇の道は蛇。祭司長たちは、彼らが指導してきた、彼らが主役として活動してきた神殿中心の礼拝を破壊しようとしている（と彼らが考える）イエスを排除しなければならないと思い、機会を待っていたのです。ユダはイエスの弟子として祭司長たちのそういう動きを敏感に察知していました。

さて、イエスが十字架に処刑される前の晩の、最後の晩餐の場面です。その最後の晩餐は旧約の時代からの大切な祭りの食卓でありました。過越の食事です。奴隷に等しい環境の下にいたイスラエルの民が、エジプトから脱出できた出来事を記念するものであります した(出エジプト記一二章参照)。

その晩エジプトに住むすべての家の初子が、神によって送り出された天使によって殺されました。ユダヤ人たちは家のかもいと入り口の二本の柱に羊の血を塗ることによって初子の死を免れました。その夜、彼らは強大なエジプトの力から解放されたのです。

過越の祭りは、いつか神の小羊の血によって救い出されるという約束の祭りだったのです。

マタイの記事から引用しましょう。

「一同が食事をしているとき、イエスは言われた。『はっきり言っておくが、あなたがたのうちの一人がわたしを裏切ろうとしている。』弟子たちは非常に心を痛めて、『主よ、まさかわたしのことでは』と代わる代わる言い始めた。イエスはお答えになった。『わたしと一緒に手で鉢に食べ物を浸した者が、わたしを裏切る。人の子は、聖書に書いてあるとおりに、去って行く。だが、人の子を裏切るその者は不幸だ。生まれなかった方が、その者のためによかった。』」（マタイ二六・二一―二四）

ダ・ヴィンチの有名な最後の晩餐の絵はまさにこの瞬間の弟子たちの姿をとらえています。驚愕し恐れ、イエスを一斉に見つめ、ある者たちは立ち上がっています。裏切りの要因はだれの中にもあったのです。自分は大丈夫とは思えませんでした。

この画面の中で一番動揺していないのは――動揺していないふりをしているのは、イエスの右どなり愛弟子ヨハネのとなりに座っているユダです。こういう姿は私たちにも身に覚えがありますよね。

さてマタイのテキストに帰ります。イエスは最後の晩餐の席で裏切る者についてこう宣告しています。「人の子を裏切るその者は不幸だ。生まれなかった方が、その者のためによかった」。宣告です、まさしく。斧で木を切り倒すような言葉です。最後通告のような。

さて、この食事の席でイエスは弟子たちの足を洗います。腰にまとった手ぬぐいでその足をふき始められます（ヨハネ一三・三—一一）。その際に「足だけでなく、手も頭も」と言ったペトロに対してこう答えられています。「既に体を洗った者は、全身清いのだから、足だけ洗えばよい。あなたがたは清いのだが、皆が清いわけではない」。そして福音書はこう続けています。「イエスは、御自分を裏切ろうとしている者がだれであるかを知っておられた。それで、『皆が清いわけではない』と言われたのである」。

ここで注目させられるのは、イエスがユダの足も洗われたということです。裏切ることを知っていながら、であります。イエスはパン切れを浸して（ぶどう酒に）それをユダに与えられました。パン切れを受けとると「サタンが彼の中に入った」（一三・二七）と記されています。「そこでイエスは、『しようとしていることを、今すぐ、しなさい』と彼に言われた」。

ユダはパン切れを受けとると、直ちに出て行きました（一三・三〇）。「夜であった」という言葉が印象的です。裏切りを考えている地点から実行する地点に足を踏み出したのです。目眩《めくるめ》くような一瞬でした。救い主イエスの贖《あがな》いを約束する光の満ちた部屋から「夜」の世界に足を踏み入れたのです。

イエスは「清いわけではない」ユダの足をも洗われました。イエスがぶどう酒に浸して渡されたパン切れは、贖いとして十字架に裂かれる救い主の肉と流される血を示していました。それがユダに、救い主の手ずから与えられたのです。

最後の晩餐の席で、悪魔は既に裏切る思いをユダに抱かせていましたが（一三・二）、イエスはユダを排除してはいませんでした。洗足のためにイエスがユダの前にひざまずいたとき、贖いの肉と血はさし出されていたのです。しかしユダは、裏切る自分にさし出された愛を受けとることができませんでした。理解することができませんでした。さし出された手に背を向けて、「夜」の中に出て行ったのです。

その夜ユダは祭司長たちや長老たちの手の者たちを率《ひ》き連れてゲッセマネで祈るイエスのもとにやって来ました。真暗闇の中でイエスを指示するために、イエスに近寄り接吻しました。「イエスは、『友よ、しようとしていることをするがよい』と言われた」（マタイ二六・五〇）と記されています。

ユダの方では、この時点では完全にイエス・キリストとの関わりは切れているのです。しかし、イエスの方では未だユダとの関わりは切れていません。「友よ」と呼びかけるのです。

その後ユダは自殺しました（マタイ二七・三―一〇）。イエスに有罪の判決が下ったのを知って後悔しました。イエスが捕らえられ、裁判にかけられ、死刑の判決を受けるその経過が納得できませんでした。人間の悪意の渦の中でズルズルとなすすべなく追い込まれていく事態が納得できませんでした。イエスが捕らえられるようになれば何かが起こると思っていたのかもしれません。「罪のない人の血」（二七・四）がムザムザ流される筈がないと思っていたのです。

しかし、「罪のない人の血」がムザムザ流されることの中で神の御業《みわざ》は行われたのです。

ユダは自分の裏切りの行為が何かを生み出せると考えていたフシがあります。しかし彼の考えていた方向とは真逆の形で神の御計画が行われたのです。

自分の生命をかけたすべてがムダだった、それがユダの結論でした。ユダは自分が歩み出た「夜」の闇の中で、もはや何も見出すことができず自滅しました。

「生まれなかった方が、その者のためによかった」というイエスの言葉はまさにそういうユダの人生総体について言われているのです。つまり生まれて生きて、終《つい》に自分の命の意味を見出すことができなかった――その人生の悲惨。

そんな人はいっぱいいないでしょうか。

「人の子は、失われたものを捜して救うために来たのである。」（ルカ一九・一〇）

救い主イエスは救われるにふさわしい者を選び出すために来られたのではありません。

「失われたものを」「捜して救う」ために来られました。それゆえ御自身を犠牲にされなければなりませんでした。

「天に登ろうとも、あなたはそこにいまし　陰府《よみ》に身を横たえようとも　見よ、あなたはそこにいます。」（詩編一三九・八）

陰府とは神の光の届かない場所を意味しています。この地上の生涯において遂に神の光を見出すことのできなかった人々の終の世界です。神の創造の光の届かなかったその陰府に神が来られている、という驚愕がこの詩句には表明されています。

教会の歴史のごく初期の頃から礼拝において告白されてきた「使徒信条」の中に次の一節があります。「主は……十字架につけられ、死にて葬られ、陰府にくだり……」。この「陰府にくだり」の一節はペトロの手紙第一の三章一九―二〇節、「そして、霊においてキリストは、捕らわれていた霊たちのところへ行って宣教されました。この霊たちは、ノアの時代に箱舟が作られていた間、神が忍耐して待っておられたのに従わなかった者です。この箱舟に乗り込んだ数人、すなわち八人だけが水の中を通って救われました」を根拠にしたものです。

救い主イエスの十字架の贖いの恵みの及んでいる深みを示したものであります。ユダの一生は不幸でした。闇の深淵にまで及んでいる神の憐れみを知ることができなかったからです。地上の生涯の間、ついに。

「悔い改めよ。天の国は近づいた」(マタイ四・一七)。閉ざされた厚いカーテンを開けてごらんなさい。神の光は今やあなたとあなたの家を包んでいるのですよ。届いている光に気づくことなくさ迷っている人々に、二千年来教会は声高く切実に告げつづけているのです。

第二章　創造する神

道端に盲人が座っていました。エルサレムの神殿に向かう道で大勢の人が行き来していました。彼の膝下に小銭を投げる人がおり、目をそらして急いで通り過ぎる人もいました。立ちどまろうとした子どもが母親に手をひかれて立ち去ったりしました。イエスと弟子たちも通りがかりました。この盲人を見たとき、とっさに日頃抱いていた疑問を師になげかけました。

「ラビ、この人が生まれつき目が見えないのは、だれが罪を犯したからですか。本人ですか。それとも、両親ですか。」（ヨハネ九・二）

「生まれつき」というのは、なにか運命とか宿命とかを思わされます。だれのせいでこうなったのだろうかと思うのです。本人が持って生まれた宿命なのか。両親に罪があったのか。それとも先祖のだれかに。

むかしの人はそう考えたという話ではありません。洋の東西を問わず現在の人々にも脈々と受け継がれている感覚です。

だれのせいでこうなったたか、第三者のそういう好奇心による問いは病める人を苦しめます。そういう問いが苦しみを負っている人を追い詰めます。その問いを病める本人や家族が抱くようになれば事態はとても深刻なことになります。

そういう心理を利用して物を売りつけたりする人がいます。「この家の先祖が大罪を犯しているのでこういうことになっています。この壺を買えば呪いは解けます」というわけです。

だれのせいでこうなったのですか、本人ですか、両親ですか、先祖のだれかですか。その問いに答えてイエスは言われました。

「本人が罪を犯したからでも、両親が罪を犯したからでもない。神の業《わざ》がこの人に現れるためである。」（九・三）

本人のせいでも、両親のせいでも、先祖のせいでもなんでもないと言われました。

「神の業がこの人に現れるためである。」

弟子たちはききました。だれのせいでこうなったのですか。だれのせいでこういう結果になったのですか。

イエスは答えられました。ここに（この人に）結果が出ているわけではない。ここに結論が出ているわけではない。

「神の業がこの人に現れるためである。」

神の業がこれからまさに、この人に行われようとしている。この状況を、結果生まれた状況と理解してはならない。神がこれから御業を行われる始まりの地点なのだ。イエスはそう言われたのです。

人間は考えます。なぜこうなったか、と。イエスは言われます。ここから神は御業を始められるのだ、と。この現実は神の業の出発点だと。

神は天にあって、人間の現実を眺めて嘆いておられる神ではありません。人間の現実のただ中に来られ、関わられ、創造の業をされている神なのです。

「言《ことば》は肉となって、わたしたちの間に宿られた。」（ヨハネ一・一四）
この肉のゆえにつまずき悩み苦しんでいる私たちの間に、同じ肉の姿をとって来てくださった救い主はだれよりも近く共にいて、私たちのために御業をなさってくださいます。
木に登って救い主イエスを見物していた徴税人ザアカイにイエスは言われました。「ザアカイ、急いで降りて来なさい。今日は、ぜひあなたの家に泊まりたい。」（ルカ一九・五）
「家に泊まる」ということは刎頸《ふんけい》の友になるということを意味しています。友となりつつ共に生きつつ、人は救い主に癒されていくのです。
神の創造について創世記の中のヨセフ物語を取り上げてお話ししたいと思います。創世記の後半三七章から五〇章まではほぼヨセフ物語だと見てさしつかえないと思います。
ヨセフはヤコブの息子たち十二人兄弟の末っ子でした。末っ子でしたが彼には神からの大きな約束が与えられていると自覚していました。その根拠は、神が見させてくださる夢にありました。その夢を彼は兄たちに話しました。「畑でわたしたちが束を結わえていると、いきなりわたしの束が起き上がり、まっすぐに立ったのです。すると、兄さんたちの束が周りに集まって来て、わたしの束にひれ伏しました」（創世記三七・七）。

また別の夢を見て、それを兄たちに話しました。

「太陽と月と十一の星がわたしにひれ伏しているのです。」（三七・九）

この夢は自分がやがて家族を救い養う者にされるという神の約束だと信じたのです。この信仰が波乱に満ちたヨセフの生涯を支えたのです。

そんなヨセフを憎んだ兄たちによって彼は荒野の穴に投げ込まれ、それから通りかかった隊商に売られました。

エジプトに連れて行かれ、奴隷として売られました。その間ヨセフの言葉は一つも記されていません。彼の胸中にあったのは神の約束でした。

奴隷として売られた家で彼は精一杯働きました。主人に信頼されて家の管理をゆだねられ、財産のすべてを任せられるまでになりました。しかし、主人の妻の誘惑を受け、それを拒否したばかりに讒言《ざんげん》され裏切り者として牢に入れられます。人間落ちるところまで落ちたその下はないという状況です。しかしそこでも聖書は言っています。「主がヨセフと共におられ、恵みを施し、監守長の目にかなうように導かれたので、監守長は監獄にいる囚人を皆、ヨセフの手にゆだね、獄中の人のすることはすべてヨセフが取りしきるようになった。」（三九・二一―二二、傍点筆者）

監獄というどん底（しかも陥れられた場所）でもヨセフは投げ出しませんでした。どん底を、与えられた場所として前向きに生きたのです。「主がヨセフと共におられ」たからです。主がヨセフと共におられたので、かの約束はこのどん底でも生きていると信じ抜きました。

やがて、この監獄に入れられたエジプト王の給仕役と料理役の見た夢を解くことが契機になって、ヨセフはエジプト王に取り立てられ、王からその支配を任されるようになります。

ヨセフの故郷で激しい飢饉に見舞われた兄弟たちが食糧を乞うためにエジプトのヨ

セフのもとに来ます。ヨセフはその一族をエジプトに呼び寄せて養うことになります。

神の約束の成就です。

神の業は人の目に、まっすぐ前進しているようには見えません。しばしば停滞し、ある場合には逆流しているようにさえ見えます。しかし「主がヨセフと共におられ」――神が共にいますので、信仰者はその場所に踏み留まりそこで生きることができます。閉ざされていた重い扉は開きます。約束への道が見えます。

兄たちの策略、主人の妻の讒言、さまざまな落とし穴がありました。人間の罪が混沌を作り出します。私たちの周りにはそういう混沌が渦巻いています。しかし神の業はそういう混沌を貫いて、用いて進められるのです。

創世記の一章の創造の記事に返りましょう。こうありました。

「初めに、神は天地を創造された。地は混沌であって、闇が深淵の面《おもて》にあり、神の霊が水の面を動いていた。神は言われた。

『光あれ。』

こうして、光があった。」（一・一―三）

神は創造される神であります。神はむかし世界を創造された神というのではありません。神はいまも世界を創造しつつある神であります。人間世界の闇、混沌を神の霊が包み、何事かを起こすべく「動いてい」ます。混沌は放置されてはいないのです。正に何事かが起ころうとしている緊迫した状況であります。そして神の創造の言葉が発せられます。

「光あれ。」

すると、光がありました。

神は世界の混沌、人間の闇の現実から光を創造されます。混沌にもかかわらず、ではありません。混沌を用いて、です。

弟子たちは生まれつき目の見えない人を指してどうしてこんなことになったのですかと問いました。どうしてこんな暗い現実になってしまったのですか。だれのせいですか。

救い主イエスの答えはきっぱりしています。ここにあるのは結果ではない。ここから神が創造の業を行われる始まりなのだ。

ヨセフは幾度も、ここが終わりではないかと思わされる地点に突き落とされました。深い穴の中、奴隷商人の手の中、奴隷、牢獄。陥落したその場所はいつだって神の業の始まる始点となりました。

そして、神は、闇から光を創造されるのです。混沌から秩序を創造されるのです。

神学校を出て、最初に赴任したのは地方都市の教会でした。そこで担任教師として二年間修業（見習い）をしたあとその教会の伝道所であった郊外の教会に送られました。最初の定住伝道者でした。修業期間に多く見習っておればよかったのです――幾らか見習いもしましたが、批判が多く身につくものが少なかったと思います。その分一つの教会を任されたとき、牧会に苦労しました。教会堂ははじめは工事現場で使った中古のプレハブでした。その年の秋、近くの教会幼稚園が新築するというので旧園舎を譲り受け会堂として建て替えました。数百万円かかりました。親教会の援助があったとはいえ、生まれたばかりの教会にとってはかなりの負担でした。

それから三年ほど後、転入してきた若い夫婦が会堂を新築しましょうと言い始めました。

私は反対でした。早すぎると思ったのです。移築工事で財も力も出し切った思いがありました。もう少し期間を置いてからでないと無理と思ったのです。教会員の多くも（と言っても実質二十人足らずです）乗り気にはなれなかったと思います。

若い夫婦は熱心でした。牧師を説得するために度々牧師館（と言っても元幼稚園の厨房です。そこに牧師夫婦と幼児四人が住んでいました）を訪ねて来ました。牧師はなかなか良い返事をしません。

二人はやがて教会の会計役員のところに行くようになりました。会計役員の住居は教会の隣りです。週に一、二度夜、仕事を終えて訪ねて来るようになりました。教会の近くに二人の車が駐車しています。

夜、私は寝つかれなくなりました。少しうとうとしたあと未明に目が覚めました。眠れません。牧師館の前に書斎として建てていただいた四畳半のプレハブの建物に入りました。特に何をするというわけでもありません。集中できないのです。精神的に追いつめられました。牧師になったことをつくづく後悔しました。

数枚しか持っていないＬＰの中からバッハを取り出して聞きました。「ブランデンブルク協奏曲」「管弦楽組曲」。パブロ・カザルス指揮。

バイク用の部厚いジャンパーを着込み寒さに耐えながら聞きました。

バランスを失って傾いてしまった心情にバッハの音楽は染み入るようでした。崩れていた石垣の石が一つ一つしっかりと積み上げられ構築されていくようでした。音の一つ一つがそのあるべき場所に配置されていきました。

そう、神が創造するとき、その一つ一つをあるべき、動かせない場所に配置されるように。

混沌の中に貫いている一筋の道が立ち現れてくるようでした。

全くどん詰まりと思われた中から、事態は思いもかけない仕方で展開しました。設計者が与えられました。バザーが行われました。募金が始められ教会債が発行されました。

牧師と教会員の思いより少しばかりはやい速度で事柄は進んでいきました。

あの時のことを今もよく思い出します。

あの時も終わりは終わりではありませんでした。
人間の終わりは神の業の始まりだったのです。

第三章　永遠の命について

「千の風になって」という歌が、数年前爆発的に流行しました。「私のお墓の前で泣かないでください　そこに私はいません　眠ってなんかいません」（新井満 訳詞）という歌い出しでした。死んでいない、わたしは千の風になったり、雪や降りそそぐ日射しになったり、鳥の声になったりしてあなたと共に生きています。そういう歌詞であったと覚えています。アメリカの先住民の思想を源流としていると聞きましたが、考えてみればこれは日本の古来の考え方ともつながるものがあります。人の命が自然に回帰するという考え方ですね。そもそも人間は自然から生まれ自然に帰って行くという観念です。

それは日本の文学をも大きく特徴づけていることもできると思います。数多く例示することができますが、一つだけ例を取ります。

志賀直哉の『暗夜行路』。主人公は妻の不倫の問題に悩んで各地を彷徨します。心の整理がつかないままに辿《たど》り着いたのが山陰の大山《だいせん》。この大山に登って行く途上の主人公時任謙作の心情が記されています。

「疲れ切つてはゐるが、それが不思議な陶酔感となって彼に感ぜられた。彼は自分の精神も肉体も、今、此大《このおおき》な自然の中に溶込んで行くのを感じた。その自然といふのは芥子粒《けしつぶ》程に小《ちいさ》い彼を無限の大さで包んでゐる気体のやうな眼に感ぜられないものであるが、その中に溶けて行く……」

大きな自然の中に人間の悩みが包まれ解消されて行くのです。人間の存在そのものが丸ごと呑み込まれて行くのです。自然の中に呑み込まれることの中に人間の安らぎがある、と言われています。

しかし、そこには大自然の命につながる人間の命という思想はありますが、人間の命の人格性はありません。人間の悩みはその人格性と深く関わってあるものなのですが、ここでは自然の中に解消されてしまうのです。

滅びない命への願望がありますが、それは聖書のさし示す永遠の命とは質を異にするものです。

福音書の中に永遠の命について記されている箇所があります（マルコ一〇・一七―三一）。ひとりの男がイエスに聞くのです。「善い先生、永遠の命を受け継ぐには、何をすればよいでしょうか」。何をすれば永遠の命を受け継ぐことができるかと聞いた男に対してイエスは答えられます。神の戒めを完璧に守ることだ、と。「『殺すな、姦淫するな、盗むな、偽証するな、奪い取るな、父母を敬え』という掟をあなたは知っているはずだ」。これはユダヤ人ならだれでも知っている神の戒め十戒のいくつかを引用したものです。男は拍子抜けしました。なあーんだ、と思いました。それで言いました。「先生、そういうことはみな、子供の時から守ってきました」。十戒はユダヤ人にとって基本の基本です。庶民はいざ知らず宗教的エリートたちにとっては。で、彼は言ったのです。そんなの朝飯前でしょ。その他にしなければならない高級な教えはないのですか。永遠の命を得るために。

イエスは十戒を表面的にではなくその精神においても完璧に守っているかと問うたのです。たとえば姦淫について（心の中の問題として）。たとえば盗まない（他人のものをうらやまない）ことについて。男は、何をすれば永遠の命を受け継げるかと聞きました。イエスは言われたのです。君が自分の行いによって永遠の命を受けとろうとするのであれば、神の戒めを完璧に行うことだ。それができている、と君が言い張るのであれば神の戒めをさらに明確に示そう。「あなたに欠けているものが一つある。行って持っている物を売り払い、貧しい人々に施しなさい。そうすれば、天に富を積むことになる」（一〇・二一）。君が自分の行いによって永遠の命を受け継ごうというのであれば……。

これを聞いて彼は失望し、悲しみながらイエスのもとを立ち去りました。「たくさんの財産を持っていたからである」（一〇・二二）と記されています。

イエスの言葉の厳しさに弟子たちも圧倒されました。その弟子たちに言われました。「財産のある者が神の国に入るのは、なんと難しいことか」（一〇・二三）。

この「財産のある者」という言葉には二重の意味があります。一つは文字通り財産を多く持っている者。もう一つは、人の中にあるプライドです。自分は子どものときから神の戒めを守ってきた。他の人たちに較べてはるかに正しく生きてきた。他に何か足りないものがあるのだろうか。そういう思いです。そういう財産を持っている人が神の国に入るのは本当に難しいと言われたのです。

そして断定するように付け加えられました。「金持ちが神の国に入るよりも、らくだが針の穴を通る方がまだ易しい」（一〇・二五）。つまりこれは不可能と言われたのです。

弟子たちは驚きました。「それでは、だれが救われるのだろうか」。あの真面目な男さえ救われないとすれば、自分たちも含めて一体だれが救われるか、と思ったのです。

イエスは、大切なことなので、彼らをじっと見つめて言われました。

「人間にはできることではないが、神にはできる。神には何でもできるからだ。」（一〇・二七）

神の国に自分の正しさ（完璧な！）によって入ることなどどんな人間にもできないのです。表面的には正しく振るまっているように見えても人間の肉も思いも罪に犯されているのです。ぬぐってもぬぐってもぬぐい去ることができないほどに。

つまり、人間はどんな人間であれ、自分の行いによって永遠の命を獲得することはできないのです。「人間にはできることではない」のです。しかし、「神にはできる」のです。永遠の命への扉はこちら側（人間の側）からは絶対に開くことができませんが、神の側から開くことはできるのです。「神には何でもできるから」。

神は全能だから、と言われています。しかし「神には何でもできる」とは無理やりに力ずくでということではありません。

神の全能というのは御自身を低くすることもできるという意味が含まれています。弱いから低くなるのではありません。強いから、低くなることができるのです。

イエスはこの直後に（マルコ一〇・三二―三四）御自分の死と復活について弟子たちに告げられています。神のひとり子は十字架の死に向けて徹底的に自分を低くされます。人間の罪をその身に負い神の審判を受けるのです。そして、罪赦された人間に新たな命を与えるために復活されます。

永遠の命は神の御子イエスによって、上から（神から）私たちに与えられているのです。

「神は、その独り子をお与えになったほどに、世を愛された。独り子を信じる者が一人も滅びないで、永遠の命を得るためである。」（ヨハネ三・一六）

では永遠の命とは何でしょう。地上で私たちが生きている命、やがて必ず終わる命ではなく、いつまでも続く命なのでしょうか。

ある高齢の信徒の方があるとき牧師である私にふと漏らしました。「死ねるから、大丈夫！」。池の中にぽんと投げ込まれた石の波紋のようにしばらく私の心の中に残りそして考えさせられました。

いまあるこの命を生きることも楽ではないのです。次々と襲ってくる試練がありま す。体の不調も。自分の中にあるゆがみや屈折、他者を傷つけたり傷つけられたり。しかし、「死ねるから、大丈夫！」。やがて終わらせていただけるのです。

永遠の命とはこの命がいつまでも続くことではありません。

イエス・キリストは言われました。

「永遠の命とは、唯一のまことの神であられるあなたと、あなたのお遣わしになっ

たイエス・キリストを知ることです。」（ヨハネ一七・三）

この「知る」という言葉は知識として何かを知るという意味ではありません。人と人とが出会って交わりをもって「知る」という意味の言葉です。

永遠の命というのは、イエス・キリストによって救われ神の子とされた者が救い主のとりなしによって神に結ばれ神に出会い交わる、そういう生の中に入れられることです。

永遠の命というのは終わりのない命というよりは（それも否定はされませんが）神と御子イエス・キリストとの交わりの中に入れられることなのです。神と向き合うこの交わりの中で人間は初めてかけがえのない人格として見出されている自分を知るのです。

言うまでもないことですが、この交わりは死後に始まるというようなものではなく、信仰によって今ここで始まっているものなのです。

「はっきり言っておく。わたしの言葉を聞いて、わたしをお遣わしになった方を信じる者は、永遠の命を得、また、裁かれることなく、死から命へと移っている。」（ヨ

ハネ五・二四）

イエスの言葉を通して神を信じた者――神により頼み神との交わりを持っている者、その者は、いま既にここで死から命（永遠の命）の領域に入っているのです。

永遠の命とは私たちの所有する何かではありません。私たちが所有する終わらない命、というものではありません。永遠の命とは、永遠なる神と関わる命のことなのです。永遠なる神と交わる命のことなのです。

福音書の中にイエスが話されたこんな話があります（ルカ一六・一九―三一）。

ある金持ちがいて、豪華な衣服をまとい、毎日ぜいたくに遊び暮らしていました。金持ちの門前にはラザロという体中できものだらけの貧しい人がいて、金持ちの食卓からこぼれた物で飢えを満たしたいと思っていました。犬が彼のできものをなめに来たりしました。

やがて貧しい人は死にました。金持ちも死にました。貧しい人は葬儀をしてもらえたかどうかわかりません。金持ちの葬儀は盛大に行われ町中の人たちが集まって来たでしょう。

金持ちは死んで陰府《よみ》に落ち、燃え盛る炎に苦しめられていました。目を上げてみると、なんと、あのラザロが天国で信仰の父祖と呼ばれるアブラハムのそばに安らいでいるではありませんか。金持ちは叫びます。父アブラハムよ、ラザロをよこして、ほんの少しの水でもいいですからここに持ってこさせてください、と。

アブラハムは言います。ここからはお前たちのところに渡ることはできない。そこからこちらの方に越えて来ることもできない。間に大きな淵があって（生きていたときには金持ちからラザロへの道は越えようとすれば越えることができたけれど）。

不思議な話です。金持ちの名は記されていません。極貧のラザロという名は記されています。町中の人に金持ちの名は知られていました。ラザロの名前はほとんど知る人はなかったでしょう。しかし神のもとではラザロは知られ金持ちは知られていませんでした。貧しいラザロはその貧しさゆえに神の名を呼び求めながら生きていました。そうしないでは一日も生きることはできませんでした。金持ちに神は必要ではありませんでした。生きるに必要なものをあり余るほどに持っていると思っていたからです。

生前から神に知られており神を求めつづけたラザロは既に永遠の命の領域に生きて

いたのです。

哲学者波多野精一の晩年の著作『時と永遠』の最終章七章に「永遠性と愛」という主題が取り上げられています。時と永遠の問題は内容的には「愛」の問題に帰するということを示しています。そして「エロースとアガペー」のことが取り上げられています。エロースはつまり自己実現の愛でありこの世の有限な時間性の中にとどまるというのです。アガペーは神の愛（神からの愛）に起因するものでありこの愛を受けとった人間が感謝して神を愛する、そういう関係を生み出します。この関係（交わり）が永遠なるものと言われているのです。『時と永遠』の問題は単に時間の問題ではなく人格的関わりの問題だということが示唆されているのです。

「神の愛への自己の抛棄、従つて従順・信頼・感謝等の態度は宗教的用語においては『信仰』と呼ばれる。信仰は神の愛の呼び掛けに対する人間の答へ、恵みによつて生れ出でたる新たなる自我の新たなる態度、言い換へれば、人の神への愛である。根本的に考へれば、信仰は、偉大なる宗教家たちの説いた如く、人間の業即《すなわ》ち自己実現の活動ではなく、むしろ反対に、人間における神の業である。それ故それは創造に対応するそれの半面ともいふべく、その意味においては、永遠性の領域に属し、時間性乃至《ないし》罪悪などよりも更に根源的なる観念といふべきであらう。」（『時と永遠』一七〇頁、傍点筆者　旧字体は新字体に改めた）

第四章　苦難の意味

旧約聖書の「ヨブ記」において取り上げられている主題は苦難の問題です。

人は満ち足りて暮らしているときは「なぜ?」とは問いません。なにかが失われたとき、「なぜ?」と問います。持っていると思っているときには「どうして生きているのか?」と問うことはありませんが、持っていたものを取り去られたとき、問うのです。「なぜ生きているのか?　どうして生きていかなければならないのか?」と。

さて、ヨブ記はこういう物語です。

ヨブという無垢な正しい人がいました。彼は神を畏れ、悪を避けて生きていました。

彼には七人の息子と三人の娘（計十人）が与えられ、財産は羊七千匹らくだ三千頭

（計一万という数になります）、牛五百くびき、雌ろば五百頭（計一千という数になります）、使用人多数で東の国の大富豪でありました。

つまり彼は当時の人間が考えられる完璧な幸いを享受していたということです。

ここで場面は天上に移ります。

天上の神のもとに神の使いたちが集まります。サタンも来ます（サタンも神の使いなのです）。

神はサタンに対して誇ります。お前は私の僕《しもべ》ヨブのことに気づいたか。彼は無垢な正しい人で、神を畏れ、悪を避けて生きている。サタンよ、お前の誘惑に負けていないだろうが。

サタンは返答します。

人は利益もないのに神を敬うことなどございません。あなたはヨブの一族とその全財産を守っておられます。彼の家畜は溢れるほどではありませんか。彼の財産を取り上げてごらんなさい。彼はあなたを呪いますよ、間違いありません。

で、神はサタンに言われました。

じゃあお前のいいようにしてみなさい。ただし彼の体には手を触れないようにして。神がサタンに許可したのですね。サタンは自分の思い通り存分に振るまうことはできないのです。いつだって神の許可の下で、神の許される範囲でしか働くことはできないのです。なんと言っても神の使いなのですから。

サタンは喜んで出て行きました。

ヨブに異変が起こり始めます。

ヨブの十人の息子、娘が、仲睦まじかったので、長兄の家に集まり祝い事をしていたとき、ヨブのところにひとりの召使いが駆け込んできます。牛とろばが強盗に略奪され、牧童たちも切り殺されたというのです。

その報告が終わらないうちにまた別の召使いが来ます。

天から神の火が降って、羊も羊飼いも焼け死んでしまいました。「神の火」というのは火山の噴火のことを指しています。しかしその言い方「天から」「神の火が降って」という言葉には何か怨《うら》みがましい（神への）思いが込められています。

その報告が終わらないうちに、またひとりが来ます。

ならず者たちが襲って来てらくだを強奪して行きました。牧童たちも殺されてしまいました。

おいかぶせるように決定的な報告がもたらされます。長男宅で宴会をしていた十人の子どもたち、突風にあおられて家が倒壊しみんな死んでしまいました、と。仲睦まじかった子どもさんたち、その仲睦まじかったことが裏目に出てしまいました。そんな思いが言外に込められています。

苦難は単なる出来事ではなく何者かの仕業のように人は考えるのです。意地の悪い意志がそこに働いているかのように。

ヨブが頼りにしていた彼の誇りでもあったすべてのものを失ったとき、彼は「立ち上がり、衣を裂き、髪をそり落とし、地にひれ伏し」た（ヨブ記一・二〇）と記されています。

これはヨブがこの世界で所有していた地位や名声や誇り、その一切を捨てて神の前に裸になったことを意味しています。

そして神に向けて自分の信仰を言い表しました。

「わたしは裸で母の胎を出た。

裸でそこに帰ろう。

主は与え、主は奪う。

主の御名はほめたたえられよ。」（一・二一）

ヨブが生涯かけて慈しみ育ててきたもの、労苦し獲得した財産、そのすべてを一日にして失ったとき、彼は初めて身に染みてわかりました。自分は裸で生まれてきたではないか。また裸で帰ってゆくのだ。それが当然の人間の生であり死なのではないか。当然のことです。だれでも知っている事実です。だれでも知っている事実ですが、観念的に知っているだけです。失ってみて初めて自分の中から納得するのです。

　五十代では、むろん自分がもう若くはないことはわかっているのですが、心のどこかにまだまだ若者には負けないという思いがあります。六十代から七十代にさしかかりますと体力知力ともに自分の中から失われていくことに否応なく気づかされます。そしてむかしから知っていたこの言葉を、水が割れ目に染み込むように納得するのです。

裸で生まれてきたんだ。裸で帰って行くんだ。

失って初めて見えてくる人生の真実というものがあります。失わなければ見えてこないもの、考えてみればそれが人生の真実なのかもしれません。

しかしそれはヨブにとっての人生についての結論ではありませんでした。彼はそのあとこう告白しました。

「主は与え、主は奪う。

主の御名は、ほめたたえられよ。」

彼は裸で生まれてきました。彼の所有していたものはすべて、主なる神が与えてくださったものでした。数多くの財産がありましたがその一つ一つは神が時に応じて与えてくださったものでした。天から一度にドサッと与えられたのではなく、一つ一つ、そのときどきに応じて与えられたのです。親が、子どもの成長に応じて必要と思ったものを与えるように。

親は自分の子どもに、欲しがる物を何でも与えるわけではありません。いま子どもに何が必要かを考えて与えるのです。子どもがどんなに強く求めたとしても、親の目から見ていま、この子どもには不要、あるいは有害と思える物は与えないということもあり得るのです。人の親でさえそうします。まして神ははるかに深く私たちを配慮していてくださいます。

私たちが所有していると思っているもの、その一つ一つは神の配慮によって与えられているものなのです。

「主は与え」ということの中にそういう神の深い配慮があるのだとすれば、

「主は奪う」

ということの中にも神の配慮はあるのです。

神は何の考えもなく私たちから奪われるのではないのです。いたずらや気紛れで奪われる、そんなことはないのです。私たちに対する深い思いから、「奪う」（取り去る）ということも起こるのです。

与えられる、ということの中で神の愛を受けとることはできます。与えられて神に感謝します。しかし、奪われて神に感謝することはできません。奪われるときには無慈悲に力ずくでそうされたとしか思えません。

「なぜ？」と問います。「どうして取り去られなければならないのか」と問わないではおられません。生きる支えとし、生きる縁《よすが》としていたものを失うのですから。

いくら考えても答えはわかりません。人からどんな説明を聞いても納得できません。ただ「主が奪う」のです。主と向き合い、主に問うほかないのです。主に問うてゆく中で主から祈った者に答えが与えられるのです。

「主が奪う」、神が奪われたと信じるから神に向かうのです。問いつづけるのです。運命が奪ったというのであれば、あきらめるほかありません。宿命によるというのであればなすすべはありません。

しかし、「主が」奪われたというのであれば奪われるということの中にも神の配慮は込められているのです。神の私たちへの愛が込められているのです。

神の御心はいまは分からない、しかしいつか分からせていただくときがある、それが私たちの慰めであり、希望なのです。

さて、裸で生まれ裸で帰って行く、主が与え主が奪われるというのであれば、元に帰るということになるのでしょうか。ゼロから始まりゼロに帰る。

そうではありません。主が与え主が奪うのです。与えまた奪われた主は残ります。私たちと共に残っていてくださる主のもとで、与えまた奪われた主の深い御心を知ることができるのです。そこに込められた主の祝福を知ることができるのです。

ヨブ記の結び、四二章一二節以下にこう記されています。

「主はその後のヨブを以前にも増して祝福された。ヨブは、羊一万四千匹、らくだ六千頭、牛一千くびき、雌ろば一千頭を持つことになった。彼はまた七人の息子と三人の娘をもうけ、長女をエミマ、次女をケツィア、三女をケレン・プクと名付けた。ヨブの娘たちのように美しい娘は国中どこにもいなかった。彼女らもその兄弟と共に父の財産の分け前を受けた。

ヨブはその後百四十年生き、子、孫、四代の先まで見ることができた。ヨブは長寿を保ち、老いて死んだ。」

羊もらくだも牛も雌ろばも以前彼の所有していた二倍の数の家畜が与えられています。

七人の息子と三人の娘が与えられています。特に三人の娘の祝福に満ちた名が記されております。この娘たちにまで財産が分与されるほどヨブ一族は十分に豊かになったと言われているのです。ヨブもこの後（あのような苦難があったにもかかわらず）天寿を全うしたというのです。

話がうますぎはしまいか、と思います。子どもだましのような話ではないか、と。

そうではありません。

意味があるのです。

苦難を経験したヨブはより豊かな祝福の世界を得たのです。苦難を経験しなければ見出し得なかった人生の深い豊かさを知ったのです。

ヨブはしかし、苦難をただ耐えたのではありません。我慢したのではありません。苦難を、神と共に生き抜いたのです。苦難の中で神に叫び、神に問い、神に自分をぶつけるようにして立ち向かい格闘して生き抜いたのです。神に向けてもがき悪戦苦闘しているうちに、気がつけば目の前に思いがけない世界が開けていました。いや、思いがけない新しい光の世界のただ中に立っている自分を見出したのです。

「死の陰の谷を行くときも
わたしは災いを恐れない。
あなたがわたしと共にいてくださる。」（詩編二三・四）
人生は「死の陰の谷」を歩くのに似ているかもしれません。暗くて辛い道ですが、「災い」はありません。神が一緒に歩いていてくださいます。この谷の道はもう一つの深い恵みの世界に必ずつながっているのです。

第五章　「神の沈黙」ということ

カトリックの作家遠藤周作の代表作とされている『沈黙』という作品があります。島原の乱でキリスト教は徹底的に弾圧されたのですが、その後もなお、この異教の地に布教するために波濤万里を越えてやって来た宣教師の物語であります。私は以前、大分県の竹田でそうした宣教師の住居跡、それから礼拝所を見たことがあります。山裾の一隅でした。高さ二メートルほど、奥行き五、六メートルほどの横穴が掘られていました。そこが宣教師（パードレと呼ばれていました）の住居であったというのです。入口は、無論竹や木の枝などでカモフラージュしていたと思われますが、夏の暑さや冬の寒さ、蚊や小動物、昆虫などの襲撃にどう対処したのだろうと暗然たる思いにさせられました。そのすぐ脇に、人がくぐって入れるような穴があり、そこを抜けると広さ十畳ほどの、人が半分かがんで立っていられる位の空間がありました。ここが礼拝「堂」(!?)でした。信徒たちは人目を忍んでここに集まり、礼拝を守り、告解をしたのでしょう。毎日のように、自分たちの乏しい食べ物の中からパードレの食事を交代で持ち運んだものと思われます。

さて、小説『沈黙』の主人公、パードレ・ロドリゴの話です。彼は、彼に先立って迫害下の日本に渡った宣教師フェレイラを尊敬し、慕って極東の島国に渡ってきました。未だ見ぬフェレイラこそが彼の希望であり支えでありました。厳しい迫害の下で先達はどう闘いどう耐えどう布教を展開しているのだろうと想像しながら、そうやって自らを奮い立たせながら文字通り日々身を削られるような布教の闘いをしていました。しかし、臆病な信徒の裏切りにより官憲に捕らえられます。捕らえられてみるとなんと、彼の尊敬していたフェレイラはキリシタンたちを取り調べる側の人間になっていました。彼は「転び」、踏み絵のキリスト像を踏み、あまつさえ日本名（沢野忠庵）を与えられ幕府に養われる人間になっていました。

取り調べる側のフェレイラと取り調べられる側のロドリゴの対話がこの物語の核心でありクライマックスになっています。

どこからか、厳しい拷問による信徒たちの悲鳴が聞こえてきます。フェレイラは言います、お前が転べばあの信徒たちは助かるのだ。お前が転ばないのはお前のエゴイズムのためだ。信仰のヒロイズムのためだ。ここでの愛とは、お前が転ぶことではないか。踏み絵を踏んで彼らを救うことではないか。

ロドリゴはこのときフェレイラの転びの真意を理解することになります。

ロドリゴが踏み絵のキリストを踏むとキリストの声が聞こえます。「踏むがいい。お前の足の痛さをこの私が一番よく知っている。踏むがいい。私はお前たちに踏まれるため、この世に生まれ、お前たちの痛さを分つため十字架を背負ったのだ」。

作家遠藤周作はこの作品に『沈黙』という題名をつけました。苛酷な迫害の中で苦しみあえぎ殺されてゆく数多くのキリシタンたち。

神はなぜ手を伸ばされない、神はなぜ沈黙しておられるのか。そういう重たい問いが全編を覆っているように思われます。神の沈黙の重さに圧されて、しぼり出すように出てきたのが踏み絵のキリストの声のように思えます。

ではキリストの福音が伝えられる意味はどこにあったのでしょうか。危険を冒してまでキリスト教が伝えられなければならない必然性はどこにあるのでしょう。キリストの救いが伝えられるところ、世界中至るところで迫害がありました。世界中至るところで信じた者の苦しみがありました。人々に喜ばれ歓迎され順風満帆に伝道が展開した例などほとんど聞いたことがありません。福音伝道は信じる者の受難とひきかえに前進してきたのです。

その間、ずっと神は沈黙されていたのでしょうか。神は沈黙し、手も足も出さずに天からその民の苦難を眺めて、嘆いておられたのでしょうか。したがって信じる者たちの超人的な忍耐、努力、働きによってなんとか持ちこたえてきたのでしょうか。

そうではありません。

復活したキリストが弟子たちを世界に派遣するに際し約束されました。

「イエスは、近寄って来て言われた。『わたしは天と地の一切の権能を授かっている。だから、あなたがたは行って、すべての民をわたしの弟子にしなさい。彼らに父と子と聖霊の名によって洗礼《バプテスマ》を授け、あなたがたに命じておいたことをすべて守るように教えなさい。わたしは世の終わりまで、いつもあなたがたと共にいる。』」（マタイ二八・一八―二〇）

弟子たちは蛮勇をふるって出て行くのではありません。復活のキリストに派遣されるのです。そしてそのキリストは派遣される弟子たちの働きと共に、世の終わりまで共にいてくださるのです。このキリストの大いなる派遣の約束の中にしか弟子たちの働きはあり得ないのです。

詩編の作者のひとりは告白しました。

「死の陰の谷を行くときも
わたしは災いを恐れない。
あなたがわたしと共にいてくださる。」（詩編二三・四）

「死の陰の谷」とは一年中日の当たらない深い谷間のことです。生命あるものの芽吹かない不毛の世界です。人はだれもそういう谷間を歩かなければならない日があります。そのような時にも「災いを恐れない」と言います。いかに殺伐荒涼たる風景のさ中に置かれてもそこに「災い」はない、のです。「あなたがわたしと共にいてくださる」から。神がその場所に一緒にいてくださるというのです。暗い夜道を母親が幼な子を抱いて歩くように歩いてくださるのです。いまや神はイエス・キリストを遣わしてくださることによって、「インマヌエル（神は我々と共におられる）」の神となってくださっているのです。

イエス・キリストの十字架の死を目撃し失望落胆して帰郷している二人の弟子たちに、復活したキリストがいつの間にか同道していました。弟子たちはうなだれて自分たちの愛し慕ってきた師の思い出を語り合い、その死を惜しみ、深い喪失感に浸っていました。

共に歩くキリストは彼らの話題を受け、それらの出来事が聖書（旧約聖書）の預言に基づいたものであり復活の栄光につながるものであることを説いて聞かせました。聞いているうちに聖書の言葉の一つ一つが彼らの眼前に立ち現れてきました。心が燃えましした。食事の席についていてキリストからパンを受けとったとき、十字架は自分たちのために裂かれた救い主の贖《あがな》いの死だと理解しました。

救い主は共にいてくださる、そのことがわかったとき、キリストの姿は見えなくなったと記されています（ルカ二四・一三―三二）。

復活された方は、あの時復活された、というのではありません。弟子たちと共に（教会と共に）今も共にいてくださるのです。聖書の言葉を説き明かしてくださいます。弟子たち（私たち）の心を燃え立たせてくださいます。もしそのことがなければ、聖書はたんなる古典文書となり、教会を生み育て、宣教させるものにはならなかったでしょう。

さて、最初の殉教者として使徒言行録にステファノのことが記されています。彼はその信仰のために捕らえられ最高法院において取り調べを受けます（使徒言行録六―七章）。その際彼はユダヤ人たちを前にして、彼らが神聖視しているユダヤ民族の歴史を神に背く罪の歴史だと激越に非難しています。それゆえに神は救い主イエスを送ってくださったのだと。ユダヤ人たちは民族の歴史がネガティブに総括されたと受けとり激怒しました（ステファノの真意はそれゆえ約束のメシアを受け入れなければならないと勧告するところにありました）。

ユダヤ人たちはステファノをエルサレムの都から引きずり出し、石打ちの刑に処しました。石打ちは正式の裁判によらない、リンチでした（当時ユダヤはローマ帝国の支配下にありましたので自分たちで裁判をすることはできませんでした）。大小の石を投げて打ち殺す残酷な刑でした。

そのときの様子を使徒言行録は次のように記しています。

「人々はこれを聞いて激しく怒り、ステファノに向かって歯ぎしりした。ステファノは聖霊に満たされ、天を見つめ、神の栄光と神の右に立っておられるイエスとを見て、『天が開いて、人の子が神の右に立っておられるのが見える』と言った。人々は大声で叫びながら耳を手でふさぎ、ステファノ目がけて一斉に襲いかかり、都の外に引きずり出して石を投げ始めた。」（使徒言行録七・五四―五八）

ステファノは自らもその血統に属するユダヤ人の歴史を批判し貶めたのではありませんでした。痛みをもって語り、与えられている救い主の前に悔い改めることを願いました。

彼の真情は理解されず、人々の激しい憎悪の中で彼は抹殺されました。

そのとき、神は沈黙されておられたのでしょうか。彼の周りにいる人々には沈黙しているように見えました。しかし使徒言行録は記しています。その無残な場面のさ中で、ステファノが見た神の栄光を。「天が開いて、人の子が神の右に立っておられるのが見える」。周りで見ている人々には石で打たれ死んで行く哀れな人間の姿しか見えませんでした。しかしその渦中にあるステファノには神の栄光の座が見え、彼の命を迎えるために立ち上がっておられるイエス・キリストが見えていました。彼は自らの霊を神にゆだね、自分を責める人々のためにとりなしの祈りをして召されました。

眺めている人間には――いくらじっと眺めても――神の栄光は見えません。渦中で祈っている人間に神は栄光を見させてくださるのです。

アンデルセンの「マッチ売りの少女」のラストシーンを思い出します。

おおみそかの晩、少女は雪の降る街角にマッチを売りに出されましたが、マッチは売れませんでした。寒さにかじかんだ少女はマッチの灯をともし、束の間の幸福な場面を見ます。そして少女が最後にともしたマッチの明かりの中に大好きだったおばあさんが現れます。少女はおばあさんに抱かれて神さまのもとに昇っていきました。「そこにはもう、寒いことも、おなかのすくことも、こわいこともありません」（大畑末吉訳）。

翌朝、新しい年の寒い朝、人々は街角に横たわっている少女を見ます。そして燃え尽きたマッチの束を見て同情します。「この子は、あたたまろうとしたんだね」。ラストの文章はこうです。

「だれも、この少女が、どのような美しいものを見たか、また、どのように光につつまれて、おばあさんといっしょに、新しい年のよろこびをお祝いしにいったか、それを知ってる人はいませんでした。」

アンデルセンは感傷的にこの文章を書いているのではありません、彼は信仰とは何であるかを言っているのです。

信仰とは創造者として働いておられる神、復活していまも共にいてくださるキリストを信じることです。その言葉（聖書）に聞きつつ、日常の試練や闘いの中で祈ることです。

その聖書の言葉が単なる文書になり、祈りに何の応答も与えられず、嘆息のように空中に消えて行くだけだとすれば――神の民はもはや存在しないでしょう。

オラショ（讃美）を唱えながら召されていったパードレや信徒たち、彼らが見ていたものは何でしょうか。それとも彼らはただ強がっていただけなのでしょうか。

小説『沈黙』が問題にする「信仰の弱か者」のことを思わないではいられません。「信仰の弱か者」が厳しい状況の下で信仰を告白できない場面もあり得ると思います。その場合にも「弱か者」に希望はあると信じています。

信仰は双方から手を握り合う関係だと思うからです。私が救い主イエスの手を握り、救い主イエスが私の手を握っていてくださるのです。私の弱さのために主の手を握れなくなることもあると思います。そのときも主が私の弱った手をしっかり握っていてくださるのです。だから、「弱か者」も救われます。

その上で、

「転ぶ」ことを愛の行為として積極的に肯定することが正しいことなのかどうか、

疑問が残ります。

（遠藤周作氏の『沈黙』について批判的に論じましたが、氏の作品すべてに批判的であるわけではありません。『海と毒薬』『わたしが・棄てた・女』『おバカさん』『哀歌』など、世界に通用する優れたキリスト教文学だと認識しており、私自身深い慰めと励ましを折に触れ受けてきたことを付記いたします。）

第六章　信仰――見つけ出された羊

有名な「放蕩息子」のたとえ（ルカ一五・一一―三二）から信仰について考えてみましょう。ある人に二人の息子がいました。その弟の方が父親に言いました。近い将来自分が受けとることになっている財産をいまください。それで父親は二人の兄弟に財産を分与しました。弟はその財産を受けとるや否や、金に換え、父親からできるだけ遠く離れたくて――干渉されたくなかったのでしょうね――旅立ちました。遠い国で彼は「放蕩の限りを尽くして、財産を無駄遣いして」しまいました。彼がすっからかんになったとき、飢饉が襲いました。食べ物にも窮し始めた彼が知人に助けを求めたところ、豚小屋に（文字通りの豚小屋で牢獄ではありません）送り込まれました。

エサに群がる豚の姿が羨ましいほどでした。豚小屋という屋根のある住居は与えられましたが食べ物をくれる人はだれもいませんでした。落ちるところまで落ちたのです。そこで、

「彼は我に返っ」た（一五・一七）というのです。

「父のところでは、あんなに大勢の雇い人に、有り余るほどパンがあるのに、わたしはここで飢え死にしそうだ。ここをたち、父のところに行って言おう。『お父さん、わたしは天に対しても、またお父さんに対しても罪を犯しました。もう息子と呼ばれる資格はありません。雇い人の一人にしてください』と」（一五・一七―一九）。そうして彼は父親のもとに帰って行くのです。

このたとえ話の父親は神であります。父なる神。息子は人間のことを指しています。

さて、この息子、「我に返って」と言われていますが、特にいいことをしたというわけではありません。父親からゆずり受けた財産を放蕩に使い果たし、無一物になって食いつめ、前途に一切の可能性もなくなって（どん底まで落ち込んで）、ようやく父親のことを思い出したのです。兄の怒りはわかります。

「あなたのあの息子が、娼婦どもと一緒にあなたの身上を食いつぶして帰って来ると……。」（一五・三〇）

兄は嘘いつわりを言っているのではありません。弟は父親の面子をつぶし、善意を踏みにじり、おめおめと帰ってきたのです。自らボロボロになって、行き先を失い。同情の余地はありません。少しも偉くもなければ立派でもありません。人間はみんなそうやって神から遠く逃れ、神のたまもの（命）を浪費してしまっているのです。逃走した人間の自由の結末です。

厚顔にも帰って来るその息子を父親が先に見つけるのです。

「彼はそこをたち、父親のもとに行った。ところが、まだ遠く離れていたのに、父親は息子を見つけて、憐れに思い、走り寄って首を抱き、接吻した。」（一五・二〇）

父親の異様な姿が表現されています。「まだ遠く離れていたのに父親」が息子を見つけたのは、父親が待っていたことを意味しています。息子が離れて行ったその日から彼の帰りを今日か今日かと待ちつづけていたのです。忘恩の息子の変わり果てた姿を「憐れに思い」走り寄って抱きしめました。帰って来た子ども、もうだれにも渡すものか——そういう一途な思いつめたような行動です。

というふうに読んでくると、このたとえ話の主人公は帰って行く息子ではなく、待っている父親だということがわかります。放蕩息子がよくぞ帰ったということが主題ではなく父親の面子をつぶした息子をなおも赦して待ちわびている父親の理解しがたい愛が主題なのです。父親の理解しがたい不可思議な愛があるから放蕩息子は帰ることができるのです。

ここまで落ちた自分はもうだめだと思っているあなた、こんな過去を背負っている自分にはいかなる未来もあり得ないと思っているあなた、そのあなたも帰ることができるのですよ、そのあなたを待っている父なる神がおられるのですよ、そう聖書は呼びかけているのです。

さんざん放蕩の限りを尽くし父親から与えられた財産を使い果たした息子を、赦して待っていた父親と申し上げました。

赦すということには苦痛が伴うのです。やってしまった不始末に見合う厳罰を与えて赦すというのであれば、痛みは息子が負うことになります。しかし何の罰も受けず帰って来た息子を赦し受け容れるための痛みは父親自身が負うのです。父親が待っていたということの中には父親の大きな痛みがあることを忘れてはなりません。

自ら痛みを負って待っていてくれる父なる神がおられるから、傷だらけの私たちも帰って行くことができるのです。

自ら痛みを負われる神、それはひとり子イエスを十字架につけ審判される神であります。

さて、この放蕩息子のたとえ話の直前にある二つのたとえ話に目を留めると事情はもっとわかりやすくなります（ルカ一五・一―七、及び八―一〇）。ちなみにこれらのたとえ話はいずれもイエス・キリストがユダヤ教の指導者であるファリサイ派の人々や律法学者たちに話されたものであります。聖書（旧約聖書）の預言しているメシア（救い主）の到来が何を意味するかを彼らに話されたのです。

まず「見失った羊」のたとえ（一五・一―七）です。

百匹の羊を持っていて、その一匹がいなくなった（迷い出た）とすれば九十九匹を野に残していなくなった羊を「見つけ出すまで捜し回らないだろうか」（一五・四）。そして見つけたら喜んでその羊を担いで家に帰り近所の人を集め「いなくなった羊を見つけました」と喜びを分かち合うだろう。そういうたとえ話です。

羊飼いにとって百匹の羊は単なる数ではなく、一匹一匹その声も性質もよく知っているかけがえのない存在なのです。九十九匹残っているので一匹はもういい、ということにはならないのです。

それが神と人間との関わりだ、と言われているのです。

ここで大切な言葉は「見つけ出すまで」という一句です。一般に羊飼いが絶対にそうするかどうかはわかりません。しかし神はそうなさるのです。

迷い出た羊を捜すために羊飼いは羊の歩いた跡を辿《たど》らなければなりません。危うい道、道なき道を。岩場や谷間、やぶの中。傷ついた羊を捜し求める羊飼いは自ら傷ついて羊を見つけ出すのです。羊の下降した地点まで羊飼いも下降して羊を見つけるのです。

「キリストは、神の身分でありながら、神と等しい者であることに固執しようとは思わず、かえって自分を無にして、僕《しもべ》の身分になり、人間と同じ者になられました。人間の姿で現れ、へりくだって、死に至るまで、それも十字架の死に至るまで従順でした。」（フィリピ二・六―八）

十字架の死に至るイエス・キリストの道、それは罪によって転落した私たちの地点まで下降された神の子の道でした。

私たちはこの羊飼いによって見つけ出していただいているのです。

そのことを知って感謝する、それが神に立ち帰るということなのです。

文字どおり命をかけて救い出した羊を、羊飼いは自分の誇りと喜びの全てであるかのように肩にのせて連れ帰るのです。いまや私たちは羊飼いの肩に担がれている羊です。

さて、もう一つのたとえは「無くした銀貨」のたとえ話です（ルカ一五・八―一〇）。十枚のドラクメ銀貨を持っている女性がいました。ドラクメというのはおよそ五千円から一万円ほどと考えてください。その一枚を無くしてしまいました。あと九枚あるから大丈夫などと考えることはできません（主婦だったらなおさらです）。灯りをつけ、掃除をして一所懸命捜しました。見つけたときの嬉しさは一入《ひとしお》でした。近所の友達を呼び集めて喜びを共にしました、という話。

迷い出た一匹の羊、彼は何をしたわけでもありません。がんばったとか努力したとか。ただ迷っただけです。そして羊飼いに捜し出してもらった。

ドラクメ銀貨、生き物ではありません。どこに転がり落ちたとしてもじたばたすることはできません。所有者に捜し出してもらうのを待つだけです。そして捜し出してもらいました。

これが救い主イエスと罪人の関係だと言われているのです。

「人の子は、失われたものを捜して救うために来たのである。」（ルカ一九・一〇）

私が教会に行くようになった次第をお話ししましょう。高等学校二年生のときでした。田舎の学校にはめずらしいクリスチャンの同級生がいました。クリスチャンの女子高生は何人かいましたが男子は他にいませんでした。私は彼に議論を仕掛けました。

世の中の矛盾や世界の不条理を引き合いに出し、神が存在するならなぜこんなことが起こるのかと問い詰めました。私はクリスチャンである彼を追及しているつもりでしたが、たぶん私の胸の奥には自分の生きる根拠を求めるあがきがあったのだと思います。彼の答えはしどろもどろでした。話の終わりに彼はいつもこう言いました。「いちど教会に来てみろよ」。

で、教会に行き始めたのがその年の秋。教会に行き始めて強い印象を受けました。礼拝をしている姿です。二十数名の会衆が聖書の言葉に耳を傾け起立して讃美を献《ささ》げている姿です。ここには道があるな、と思いました。まっすぐに前に向かって行く道がある、駅前の飲み屋に育った私には新鮮な驚きでした。人生にはドロドロした愛憎の世界しかないと思っていたからです。あきらめ、断念し、なるようにしかならないと投げ出すように生きていました。

踏み入ったのは思いもかけない世界でした。教会の大きな窓からは見なれた入り江の対岸の山並みが見えていました。よその世界の風景のようでした。翌年、高等学校三年のクリスマスに洗礼を受けました。親しかった友人は「なぜ洗礼なんか受けたのだ」と詰問しました。

考えてみればあのとき精神的に荒廃しあがいていたんだろうと思います。苦しまぎれに目の前に現れた扉を開いたら前方に向かう道があった、ようやっと見つけることができた、それが私の信仰への歩みだった、と言うことができるでしょう。

しかしそれは神の側からいえば神が迷い出た羊を捜し出し見つけ出してくださったプロセスなのです。そのことを使徒パウロはこんな風に言っています。

「今は神を知っている、いや、むしろ神から知られている……。」（ガラテヤ四・九）

放蕩息子は自分の足で歩いて帰って行きました。「ところが、まだ遠く離れていたのに、父親は息子を見つけて……抱き、接吻した」（ルカ一五・二〇、傍点筆者）。息子が行きづまり転落し父をあえぎ求めるよりもはるかに切実に激しく父は息子を待っていたのです。

そのことは神のふところに抱かれたあとでわかってきます。

自分が帰ったのではない。神が自分を見つけ出してくださったのだ、と。少しずつわかってきます。次第にわかってきます。

そのことがわかってきてゆるがない平安をいただくようになるのです。

「この息子は、死んでいたのに生き返り、いなくなっていたのに見つかったからだ。」（一五・二四、傍点筆者）

第七章　安息日と礼拝

安息日の起源について聖書は創世記の冒頭、神による創造の記述の中で触れていま す。創造の第一日目、神は光を創造されます。第二日目は空を、三日目には海と地を、そして植物を、という具合に次々と万物を創造し、第六日目に「神は御自分にかたどって人を創造された」（創世記一・二七）と記されています。このように天地万物を創造されたあと第七日目、

「神は御自分の仕事を離れ、安息なさった。この日に神はすべての創造の仕事を離れ、安息なさったので、第七の日を神は祝福し、聖別された。」（二・二―三）

そう記したあとこう締めくくっています。

「これが天地創造の由来である。」（二・四）

天地創造は神の労働でした。神の力と知恵がふりしぼられてなされた業《わざ》でした。しかし、創世記の記述によると創造の業は六日間で完了したのではありません。第七日の安息を含めて創造の完成としているのです。

第七の日の安息なしに神の創造の業は全うされません。神はこの第七の日を特別の日として祝福し、聖別されました。

太平洋戦争中、日本は追いつめられ、戦線に出る兵力を失い、四十歳前後の男性も、大学生（学徒と言いました）も徴兵されました。そのために国内における労働力をいちじるしく失うことになりました。そのとき、国が採用したスローガンがこれでした。

「月月火水木金金」

日曜日がないのです。半ドンの土曜日もありません。遮二無二「働け、働け」というわけです。

バブルにより日本経済が絶好調だった一九八〇年代、製薬会社の活力剤のテレビコマーシャルにこういう宣伝文句が登場しました。

「二十四時間戦えますか」

現在の日本では勤務時間外の過酷な労働が問題になっています。多くの人がウツになり自死する人もあります。

神が六日の間創造の働きをされ第七の日に休息されたということは人間に生き方の規範を示されたということでもあるのです。

労働は休息を含めて労働なのです。休息のない労働はよい労働、健全な労働ではないのです。働いて、休息して、次の労働に備えるのです。休息して、労働から身を引き離して熟慮して、労働の質が変わるのです。転換が起こります。発展が生まれます。働きづめに働くことはたくさんのことをしているようで発展のない働きをしているのです。否、次第に質の低下していく労働をしているのです。そうやって人間は気力や意欲を失ってゆくのです。

第七の日に休息された創造の神を私たちは人間として生きる規範としなければなりません。

エジプトから脱出し、約束の地に向かうイスラエルの民に十戒が与えられました。

その十戒の中に安息日に関する戒めが与えられています。

「安息日を心に留め、これを聖別せよ。六日の間働いて、何であれあなたの仕事をし、七日目は、あなたの神、主の安息日であるから、いかなる仕事もしてはならない。あなたも、息子も、娘も、男女の奴隷も、家畜も、あなたの町の門の中に寄留する人々も同様である。六日の間に主は天と地と海とそこにあるすべてのものを造り、七日目に休まれたから、主は安息日を祝福して聖別されたのである。」（出エジプト記二〇・八―一一）

「七日目は……主の安息日であるから、いかなる仕事もしてはならない」。神と共に休息しなければならないと言われているのです。

なぜ？　人間は神に「かたどって」造られた存在であるからです。「かたどって」とは姿形が似ているという意味であるよりは、対応する存在として、向き合う存在としてという意味であります。人間はそれ自身として人間であるのではありません。神と向き合いつつ、神の息をいただきつつ（創世記二・七）人間であるのです。

それゆえに神が休息されるとき、神のもとで休息しなければなりません。

安息日を守らないとき人間は神から逸脱するのです。神のもとで神と共にする休息を拒むとき、人間は自己の存在の根拠を失っているのです。

それゆえに安息日を守るということはただ仕事を休むということではありません。神と共に休むことであり神のもとで休むことであるのです。

神の民イスラエルはこの日を神を礼拝する日としました。

さて、エジプト脱出後イスラエルは約束の地に向けて四十年に亘《わた》る荒野の旅をしなければなりませんでした。それは彼らの歩むべき道程が長かったということではありません。

不毛の荒野を歩かなければなりませんでした。水に渇き食物に飢える日々でした。つぶやき、不平不満、怒りの礫《つぶて》を投げつける人々に導き手であるモーセは耐えつづけなければなりませんでした。

さらに、荒野といえど泉など水に恵まれたあちこちにはさまざまな民族が住んでいました。彼らは侵入して来る敵をたえず警戒していました。神の民は繰り返し出現する敵と闘いながら、時には交渉しながら進まなければなりませんでした。

内憂外患の旅路です。

それで、四十年。

そういう旅路のさ中で、彼らは安息日を守りました。神の前に静まりモーセを通して語られる神の言葉に耳を傾けました。

内憂外患の困難な旅路だったからこそ、安息日を守らなければなりませんでした。安息日の礼拝がなければイスラエルの民は内部から崩壊していたでしょう。

そもそも、イスラエルの民がエジプトを出る動機は、エジプトを離れ（休息のない労働の日々から解放され）神を礼拝させてほしいということでした（出エジプト記五・一）。

それは神の民が神の民として存在することのできる根源に関わることだったのです。

今日の神の民である教会も内憂外患を抱えながらこの世に生きています。神の御名を証しすべく世の最前線に闘いを展開しています。その闘いに教会が一致結束していればいいのですが、教会内部にいつも問題を抱えています。今にも崩壊しそうな有様です。

だから、安息日を守るのです。神の前に素手になって立つのです。

「見よ、兄弟が共に座っている。
なんという恵み、なんという喜び。」（詩編一三三・一）

兄弟が共に座っているのは礼拝をしているのです。仲がいいから共に座っているわけではありません。利害の対立もあり好悪の感情もあるでしょう。でも、一緒に座っているのです。安息日だから、神の召しがあるからです。神のもとで私たちは兄弟なのです。

ある人が言いました。

「気がついたら確執のある兄弟（姉妹）が隣りで一緒に礼拝しています。ああ、これが教会なんだ。そう思いました。」

教会はあたり前のようにそこに「ある」のではありません。教会は礼拝によって繰り返し教会に成るのです。そうして世に出て行きます。

かつて神の民は創造の神の秩序として第七の日を安息の日としていました。神の救済の御業であるイエス・キリストの十字架と復活を知らされた教会は安息の日を一日後に置きました。神の子の十字架による死が第五の日（金曜日）、墓に葬られて一日置き（土曜日）三日目（日曜日）の朝復活されました。ですからこの日は罪赦された（金曜日の十字架）私たちが復活の命に与《あずか》る日となったのです。無から創造をなされた神がいまや虚無（死）から命を創り出してくださった、そういう新しい創造の日として創造の第一の日を安息日としたのです。

救い主は言われます。

「疲れた者、重荷を負う者は、だれでもわたしのもとに来なさい。休ませてあげよう。」（マタイ一一・二八）

安息は働く（さまざまな形で生きている）私たちがただ手を休めるだけではありません。罪人を赦し神の子として受け入れてくださった救い主の下で魂を休めるのです。この存在のすべてを投げ出して休むのです。

卒業信者という言葉があります。一般に使われている言葉ではありません。教会内用語です。いや、もっと正しく言えば教会内非公式の用語です。むかし教会に来ていたけれど、いまは来なくなった人のことを指しています。

卒業信者の方は言われるのです。何年か教会に通って、だいたい言われていることは解った。キリスト教関係の本も読んで理解したつもりだ。もう教えてもらうことはほぼ無くなったようだから。

（なお、これとは別に教会の人間関係に嫌気がさして止めた人もいます。この場合は卒業信者とは言いません。）

ということで卒業信者の方に一言申し上げたいと思います。教会はキリスト教について勉強するために行くところではありません。

礼拝をするために行くのです。教会の主であるイエス・キリストを（イエス・キリストを遣わしてくださった父なる神を）礼拝するために行くのです。礼拝において私たちは神の言葉を聞き、神を讃美し、感謝の献《ささ》げ物をします。そこに安息日を定められた神の御心があるからです。

生きることは労苦であります。私たちは生きて労働して疲れており、他者の罪によって傷ついており、自らの罪によって他者を傷つけ自ら深く傷ついています。だから安息日を備え私たちを待っていてくださる救い主のもとに帰って行くのです。繰り返し繰り返し帰って行くのです。なぜなら私たちはこうして生きている故に「疲れた者」であり、「重荷を負う者」であるからです。礼拝において、私たちのすべてを担っていてくださり受けとめていてくださる方の前にくずおれ、すべてを注ぎ出しそして起き上がらせていただくのです。

人生を卒業できない私たちは安息日の主から卒業することはできません。

「主をたたえよ
日々、わたしたちを担い、救われる神を。」（詩編六八・二〇）

第八章　伝道はだれがするのだろう

伝道について考えるに際し次のテキストを参考にしたいと思います。

マルコによる福音書六章三〇―四四節

30 さて、使徒たちはイエスのところに集まって来て、自分たちが行ったことや教えたことを残らず報告した。31 イエスは、さあ、あなたがただけで人里離れた所へ行って、しばらく休むがよい」と言われた。出入りする人が多くて、食事をする暇もなかったからである。32 そこで、一同は舟に乗って、自分たちだけで人里離れた所へ行った。33 ところが、多くの人々は彼らが出かけて行くのを見て、それと気づき、すべての町からそこへ一斉に駆けつけ、彼らより先に着いた。
34イエスは舟から上がり、大勢の群衆を見て、飼い主のいない羊のような有様を深
く憐れみ、いろいろと教え始められた。35そのうち、時もだいぶたったので、弟子
たちがイエスのそばに来て言った。「ここは人里離れた所で、時間もだいぶたちまし
た。36人々を解散させてください。そうすれば、自分で周りの里や村へ、何か食べる
物を買いに行くでしょう。」37これに対してイエスは、「あなたがたが彼らに食べ物を
与えなさい」とお答えになった。弟子たちは、「わたしたちが二百デナリオンものパ
ンを買って来て、みんなに食べさせるのですか」と言った。38イエスは言われた。「パ
ンは幾つあるのか。見て来なさい。」弟子たちは確かめて来て、言った。「五つあり
ます。それに魚が二匹です。」39そこで、イエスは弟子たちに、皆を組に分けて、青
草の上に座らせるようにお命じになった。40人々は、百人、五十人ずつまとまって腰
を下ろした。41イエスは五つのパンと二匹の魚を取り、天を仰いで賛美の祈りを唱え、
パンを裂いて、弟子たちに渡しては配らせ、二匹の魚も皆に分配された。42すべての
人が食べて満腹した。43そして、パンの屑と魚の残りを集めると、十二の籠にいっぱ

いになった。44パンを食べた人は男が五千人であった。

三〇節から三三節までは奇妙なパラグラフであります。伝道旅行から帰ってきた弟子たちはいささか興奮しています。「自分たちが行ったことや教えたことを残らず報告した」（六・三〇）と記されています。たぶん目に見える成果があって気分がハイ（high）になっていたのだと思います。気分が極度にハイになっているときには疲労も来ています。イエスは「あなたがただけで人里離れた所へ行って、しばらく休むがよい」（六・三一）と言われました。

任務を離れしばらく休息する時が弟子たちには必要と考えられたのです。で、彼らは舟に乗って人里離れた所へ行きました。ところがあにはからんや、多くの人々が町々から一斉に駆けつけ、弟子たちを待ちうけていました。

弟子たちは休息できなかったのです。イエスの願いがあったにもかかわらず。

このことはイエスの弟子集団と群衆との関係をあらわしています。イエスをかこむ弟子集団は群衆に追われているのです。飢えた群衆に追われているのです。彼らは自分たちのプライバシーを十分に守った上で群衆に向き合うことはできません。飢えている人々にプライバシーを侵害されるのです。

イエスを中心とした弟子集団——即《すなわ》ち教会は、和やかなあたたかい交わりを作るために存在しているのではありません。飢えた群衆に向き合うために存在しているのです。

プライバシーを守る、その上で飢えた人々に向き合うというのではないのです。人々の飢え渇きはそんなに激しいので弟子集団のプライバシーはしばしば破られるのです。

イエスは言われました。

「狐には穴があり、空の鳥には巣がある。だが、人の子には枕する所もない。」（マタイ八・二〇）

十分休息してプライバシーを守ってそれから伝道する、そんなことはできません。飢え渇く人々にプライバシーを破られつつ神の国の業《わざ》は進められるのです。

「イエスは舟から上がり、大勢の群衆を見て、飼い主のいない羊のような有様を深く憐れみ、いろいろと教え始められた。」（六・三四）

イエスは群衆を見ます。イエスの目から見て群衆は「飼い主のいない羊のような有様」でした。羊飼いのいない羊の群れです。

羊は非力な動物です。襲ってくる猛獣に対して闘う力はありません。逃げ切る脚力もありません。方向感覚も鈍いのです。ひたすら羊飼いの杖とムチに頼り、その角笛に聞き従って行くほかありません。羊は羊飼いに守られ導かれながら生きているのです。

その羊に、飢えた羊の群れに羊飼いがいないとすれば、危機的です。文字通り風前の灯です。

イエスはこの「有様を深く憐れ」まれました。イエスが周りに押し寄せる群衆を「深く憐れ」まれる、それが教会の伝道の動機です。

弟子たちの熱意や願いから始まったのではありません。

「いろいろと教え始められた」。イエスの語りかけられる言葉は飢えた人々の飢えを満たす言葉です。

時が過ぎ日は西に傾きかけました。弟子たちは群衆を解散させてくださいとイエスに願いました。飢えた大勢の群衆がどこかよそでその飢えを満たせるようにと願ったのです。

弟子たちは強い圧迫を感じていました。日が傾いてくると群衆の飢えに対応できない自分たちのことを考え始めたのです。自分たちの手に負えないと思ったのです。どこかよそで飢えを満たして欲しい。この飢えた群衆から自分たちを解放して欲しい。

しかし弟子たちの主イエスは言われました。

「あなたがたが彼らに食べ物を与えなさい。」（六・三七）

群衆から逃げようとする弟子たち、周りを囲む人々から解放されたいと願う弟子たちを断固イエスは阻止されるのです。「あなたがたが彼らに食べ物を与えなさい」。

弟子たちは抵抗します。

「わたしたちが二百デナリオンものパンを買って来て、みんなに食べさせるのですか」。五千人以上の群衆がいます。その群衆に足るだけの高額のパンを私たちが買って来て食べさせるのですか。そんなお金がどこにあるのですか。

イエスは言われました。

「パンは幾つあるのか。見て来なさい。」（六・三八）

お前たちの手持ちのパンは幾つあるか見て来なさい。わざわざ見に行くまでもないことですが、確かめた上で弟子たちは答えました。

「五つあります。それに魚が二匹です。」

この場合のパン一つは私たちが通常知っている大きさのパンではありません。一つのパンを分けて数人で食べることができるのです。

それでも五千人を超える人々に対してはどれほどのものであるでしょう。弟子たちはふてくされていました。聖書ですから上品に記されていますが本当のところはこんな風だったと思います。「先生、あなたが日頃よくご存じのとおりパンは五つだけです。それについでに申し上げれば、魚も二匹ありますけど……（で、どうなさいます?）」。

主イエスは弟子たちに命じて人々を組に分けて青草の上に百人五十人ずつ座らせます。

弟子たちは五千人余の人々に圧倒されているのです。パニックに陥っています。で、イエスは人々を百人五十人の組に分けたのです。百人五十人は顔の見える人数です。それぞれの人について幾分かのことを知ることができます。そこから始めるのです。伝道――神の国の業は。

私は今、四国山地の小さな教会の牧師をしています。広大な地域に八千余の人口、ほとんどは限界集落です。どこから始めるか、何ができるか、途方に暮れることもあります。しかし、ここから始めるしかないのです。目の前にいる教会員二十人。背後にはその家族知人がいます。合わせれば百人近くにはなるでしょう。主はここから始めよと命じられるのです。

神の国の働き――伝道はここから始まっているのです。小さな始まりですがこの働きは途上で挫折するものではありません。終末の日に必ず完成させていただく神の国の端緒なのです。教会はやがて完成する神の国の業に参与させていただいているのです。

それから、イエスは「五つのパンと二匹の魚を取り、天を仰いで賛美の祈りを唱え」られました。弟子たちのさし出したパンと魚を受けとり讃美したのです。弟子たちは、これだけしかない、そう思ってさし出しました。イエスは弟子たちから受けとり、これがあるということで神に感謝しました。

弟子たちの持っているもの、ゼロではないのです。決して多くはありませんが、主イエスはそれをお用いになることができます。主イエスは神の国の業を弟子たちの助けなしに進めることもできます。しかし、弟子たちを用いて、弟子たちの持っている小さな賜物を用いて神の国の業を進めることを望まれるのです。

なぜ？

弟子たちをも神の国の収穫の喜びに与《あずか》らせるためです。弟子たちは神の国の進展を眺めている観客ではないのです。スタンドから「伝道が不振だなあ」「もう少し強力な伝道者は出ないものか」と嘆いたり溜息をついたりしている観客ではありません。教会の主はグランドに立つべきプレイヤーとして私たちを召してくださったのです。

色づいた畑に収穫のため飛び込んでゆく農夫として召してくださったのです。
信仰の喜びは主イエスの召しに応えるその働きの中にあるのです。
「刈り入れる人は報酬を受け、永遠の命に至る実を集めている。」（ヨハネ四・三六）
さて、弟子たちのさし出した五つのパンと二匹の魚、合せれば「七」という数になります。「七」という数は、「十二」と共に聖書では完全数として用いられています。「七」は小さい数ながら完全数、即《すなわ》ち神が御業のために用いることができるということを意味しています。私たちの賜物があまりに小さくて神の国の御用に立つことはできないということはありません。教会の主は弟子たちの賜物を用いて御自身の御業を進めることをこそ望んでおられるのです。
「パンを裂いて、弟子たちに渡しては配らせ、二匹の魚も皆に分配された。」（マルコ六・四一）
弟子たちのさし出した小さな賜物を主イエスは受けとり、その賜物について神を讃美したのちにそれを弟子たちに再び渡し、そして配らせました。
私たちは礼拝において私たちの賜物を主にさし出し、主から祝福をいただいてもう一度それを受けとり、それをもって世に遣わされて行くのです。その賜物は必ず用いていただけます。教会の主の祈りがその背後にあるのですから。

「すべての人が食べて満腹した。そして、パンの屑と魚の残りを集めると、十二の籠にいっぱいになった。」（マルコ六・四二―四三）

飢えた多勢の群衆は満腹しました。主イエスの約束は成し遂げられるのです。「今飢えている人々は、幸いである、あなたがたは満たされる」（ルカ六・二一）。

弟子たちは五つのパンと二匹の魚を人々に分配しました。そして、パンの屑と魚の残りを集めると、十二の籠にいっぱいになりました。増えたのです。配っ
ていいるうちに増えました。

小さな賜物は用いられて豊かになるのです。賜物があまりに小さいからと握りしめているうちに無くなってしまいます。信仰が小さいからと握りしめているうちに信仰は消えてしまうのです。

もう少し聖書や教理のことがわかったら、そのときに伝道しよう。信仰が強くなったら、伝道しよう。そういう人にこれで伝道できるという日は来ません。

十二人の弟子たちを世に派遣するに際しイエスは言われました。
「旅には何も持って行ってはならない。杖も袋もパンも金も持ってはならない。下着も二枚は持ってはならない。」（ルカ九・三）
困難な伝道の旅に出るのだから、何が起こるかわからないから、万全の備えをして行きなさいとは言われませんでした。今あるがままの姿で行けと言われたのです。あるがままの貧しい姿で。
弟子は出かけて行ったその所でパンと魚を配りながら養われるのです。神の国の業に参与しながら、遣わしてくださった主によって育てられるのです。

第九章　キリスト教の倫理――敵を愛しなさい

キリスト教についてあまり知らない人でもこの言葉は知っています。「敵を愛しなさい」。

一九四二年六月二十六日、当時の日本基督教団の第六部九部（ホーリネス系教会）所属の教職九十六名が治安維持法違反という理由で検挙されました。八十一名が起訴され、実刑を受けた十九名中獄死者三名、保釈後死亡者四名でした。治安維持法は一九二五年（大正一四年）四月に公布されたものでした。関東大震災後の社会的不安、混乱の続く中、特に無政府主義者や共産主義者の活動を抑える目的で作られた法律でした。世界の中で日本が孤立して行く時代、その法律は次第に広く適用されるようになりリベラルな思想を持つ（と見られた）学者や文化人にも及ぼされるようになりました。太平洋戦争中はその延長線上にキリスト教も含まれるようになりました。

戦後二十年余りを経たあるとき、投獄された経験のある牧師の話を聞く機会がありました。予期に反して全くにこやかな話しぶりでした。教会の礼拝に看視に来ていた警察官――彼が逮捕するための情報を集めたのです――と戦後仲良くなったというのです。「彼は謝りました」、そう言いました。

老牧師の頭の中に、あのキリストの「汝の敵を愛せよ」という言葉があるのだろうと思いました。

ある牧師の子どもの受難の報道がありました。容疑者は逮捕されました。牧師宅を訪ねたテレビのリポーターが問いました。「容疑者を赦されますか」。意地の悪い質問だと思いました。彼の中にも「敵を愛せよ」という聖書の一句があったのだと想像されます。小さな声で牧師は答えました。「赦します」。

キリスト教について多くを知らない人でもキリスト教といえば「敵を愛せよ」だと

認識しているのです。ましてキリスト者はこの言葉の呪縛の下にあるのだと思います。
ということでとりあえず「敵を愛しなさい」と言われたイエスの言葉を引用してみましょう。その前後とも。
「あなたがたも聞いているとおり、『隣人を愛し、敵を憎め』と命じられている。しかし、わたしは言っておく。敵を愛し、自分を迫害する者のために祈りなさい。あなたがたの天の父の子となるためである。父は悪人にも善人にも太陽を昇らせ、正しい者にも正しくない者にも雨を降らせてくださるからである。自分を愛してくれる人を愛したところで、あなたがたにどんな報いがあろうか。徴税人でも、同じことをしているではないか。自分の兄弟にだけ挨拶したところで、どんな優れたことをしたことになろうか。異邦人でさえ、同じことをしているではないか。だから、あなたがたの天の父が完全であられるように、あなたがたも完全な者となりなさい。」（マタイ五・四三―四八）
太平洋戦争中、日本中に隣組というのが作られました。近所の人たちと仲良く助け合うようにしなさいという組織であります（建前はそうですが、互いを監視するという意図もあったでしょう)。その一方で「鬼畜米英」という言葉も標語のように使われました。アメリカやイギリス(を代表する世界)を敵として戦うために、国の内部では結束していこうというわけです。「隣人を愛し、敵を憎め」ですね。この場合「隣人を愛する」ことと「敵を憎む」ことは表裏一体、密接不離だったのです。

これまではそう教えられてきた、しかしわたしの弟子である君たちはそうであってはならないというのです。「敵を愛し、自分を迫害する者のために祈りなさい」。敵に向き合っていても、味方同士が結束することも決して容易ではないのです。なのに、敵を愛せよ、ですって。迫害する者のために祈れ、ですって。まったく無茶苦茶な戒めじゃないですか。弟子たちはそう思ったでしょう。

キビしい戒めをお与えになったイエスはその理由を教えられました。

「父は悪人にも善人にも太陽を昇らせ、正しい者にも正しくない者にも雨を降らせてくださるからである。」

神は父だというのです。神はあなたがたの父になってくださった。その父である神は悪人にも善人にも太陽を昇らせていてくださる。悪人にも善人にも? 神にとって悪人とはだれのことでしょう。神にとって善人とはだれのことでしょう。神にとって正しい者とはだれでしょう。一体神の前に正しい者というのはいるのでしょうか。神にとって善人というのはいるのでしょうか。そんな人はいないのです。
私たちにとっての悪人がおり、善人がいるのです。私たちにとっての正しい人がおり正しくない人がいるのです。気に入らない人間がおり気に入る人間がいます。赦しがたい敵がおり、味方がいます。私たちは人間を選別しているのです。あっち側の人間とこっち側の人間。

父なる神はその人間世界の選別を超えておられるのです。人間世界の分断を超えておられるのです。太陽も雨も生命を育てるものです。天から注ぎ命を育む力です。

天の神に価する人間はいません。神に相応しい人間はいません。正確に言えばすべての人間は神の前に悪人であり正しくない人間であります。その人間を赦し御許《みもと》にひき寄せ、子とするために神は救い主イエスを与えてくださったのです。つまり神は罪人の父となってくださった。

滅ぼされるべきこの命を守り育てるために——ただその一つの目的のために——神

は全能の御業《みわざ》を行っていてくださいます。「太陽を昇らせ……雨を降らせ」ていてくださるのです。

一つとしてこの広い強大な憐れみから逃れ得る命はない、このメッセージはそう言っているのです。

自分を愛してくれる人を愛する、それは人間の肉の論理です。自分の兄弟にだけ挨拶する、それは人間の肉の倫理です。

「あなたがたの天の父が完全であられるように、あなたがたも完全な者となりなさい。」

神のように完全になりなさい――それは無理でしょう！　ただ前後の文脈から考えるとこう解釈できます。神が悪人にも善人にも太陽を昇らせ、正しい者にも正しくない者にも雨を降らせてくださっているように、そのように完全な者となりなさいという意味だと思います。つまり、受容するという意味において「完全な者となりなさい」。

無論それだってとてもできることではありません。礼拝において「主の祈り」を祈るとき、「われらに罪を犯す者をわれらが赦すごとく、われらの罪をも赦したまえ」

というくだりに来るとすらすらと言葉が出にくくなると言われる人がいます。かくいう私もだれかを強く意識しているとき、大急ぎでこの一節を駆け抜けることがあります。

七十七歳、この頃私はよく若かった時代のことを思い出します。失敗したことや明らかな過ちのあれこれ、出会った多くの人々の寛容や赦しがなければとても今日まで歩いてくることはできなかったと思います。

伝道者としても五十年を越える年月を過ごしてきました。

ここにも失敗や愚行、過ちが一杯。できることなら引き返していって「ごめんなさい、赦してください」と頭を下げて回りたい。

にもかかわらず、胸の中にわだかまっている思いもあるのです。自分が傷つけられたこと、投げつけられた言葉、ついに解けなかった誤解。「われらに罪を犯す者」たちのこと。

それは心の中のかさぶたのように剝がれるとまた血が流れ出るのです。

忘れられない、赦せない、思い。

さて、そういう人間のために天国の婚宴の席が用意されています（マタイ二二・一―一四）。

この宴には本来招かれるべきでないふさわしくない者たちが、罪の赦しという礼服を与えられて出席しているのです。

そのとき招かれた私たちは真実自分を恥じるのです。この汚れきった人間を天国の栄光の中にひき入れてくださった救い主の贖《あがな》いの恵みに打たれ圧倒されて。絶対に忘れまい、赦すまいと固く固く握りしめていた拳が開かれるでしょう。そして初めて発見するのです。自分がほんとうに解放されたということを。そのとき私たちはきっと「完全な者」になっているのです。「完全な者」にされるに違いないのです。

その日があるから、その日を信じて、キリスト者は生きています。

第十章　祈りについて

初めはだれだって、祈りはむつかしいと思います。教会の礼拝に出て牧師や長老（役員）の祈りを聞くからです。整ったセンテンス、美しい言葉。悔い改め、感謝、讃美へと続く破綻のないスムーズな流れ。

しばらく教会に行って洗礼を受けても祈りは苦手という人はいるものです。

私も――牧師をしていますが――祈りは苦手でした。いまも得意というわけではありませんが。ただ祈りへのとば口の発見がありました。それは単純なことです。自分の中に祈りたいことはないかということ。祈らないではいられないことはないかということです。それはあるのです。生きていれば必ずある。毎日生活しておれば必ずあります。仕事のこと。人間関係。家族の問題。自分自身の問題。うらみ、つらみ。そういうものは渦巻いています。燃えたぎっています。

そのことを祈るのです。その思いを丸ごと訴えるのです。

ヨブ記は人間が直面する苦難の問題を扱っています。その一章二章ではヨブが自分に降りかかってきた苦難を信仰によってどう克服したかが記されています。

「わたしは裸で母の胎を出た。

裸でそこに帰ろう。

主は与え、主は奪う。

主の御名はほめたたえられよ。」（ヨブ記一・二一）

さらに二章では故なく降りかかってきた苦難について「神を呪って、死ぬ方がましでしょう」とそそのかす妻にヨブは答えます。

「お前まで愚かなことを言うのか。わたしたちは、神から幸福をいただいたのだから、不幸もいただこうではないか。」（二・一〇）

見事な信仰の告白です。

しかしこれはヨブが苦難の中で長く神に向き合い訴え格闘してようやく得ることのできた信仰です。

ヨブ記三章から三一章まで、ヨブ記の大半を占める部分にはヨブを慰めさとすために訪ねてきた友人たちとの激しい議論が記されていますが、ヨブの反論、抗議、怒りは友人に向けられるよりはむしろ神に向けられています。

「わたしの生まれた日は消えうせよ。

男の子をみごもったことを告げた夜も。

その日は闇となれ。」（三・三―四）

あまりに苦しいとき、自分の生そのものが肯定できなくなるのですね。

「全能者の矢に射抜かれ
わたしの霊はその毒を吸う。

神はわたしに対して脅迫の陣を敷かれた。」（六・四）

「だからわたしは言う、同じことなのだ、と。

神は無垢な者も逆らう者も

同じように滅ぼし尽くされる、と。

罪もないのに、突然、鞭打たれ
殺される人の絶望を神は嘲笑う。」（九・二二―二三）

ヨブは神に向き合っていますが体をぶつけるように向き合っているのです。彼は満身の力をこめて神に礫《つぶて》を投げつけています。

神はその嘆き、訴え、抗議、攻撃のすべてを受けとめていてくださるのです。そして、存在のすべてをもって投げかけられた問いに神は答えてくださいます。

それがヨブ記の主題です。

冬山の遭難事故で大学生であった息子さんを亡くされた婦人がいました。それから十数年経ったあるとき婦人は牧師である私に言われました。「この頃やっとあの子が召された事実を受け入れることができるようになりました」。

不慮の事故で亡くなられた御子息のことを婦人は神に問いつづけられたに違いありません。「なぜですか」「どうしてですか」と。

十数年間祈りつづけ問いつづけて彼女はようやく神からの答えを得たのです。なぜ我が子は死ななければならなかったのか。だれがどう説明しても、どんなに信仰深い人が説明しても（ヨブの友人たちのように）、彼女は納得できなかったでしょう。ただ納得できない受け入れられない事実を神に問いつづけました。そして神から答えを受けとることができました。祈ったから受けとることができたのです。祈りつづけて、受けとることができたのです。

嘆いたり溜息ついたり悔やんだり――もしそれだけならあきらめるしかありません。運命だったと。宿命だと。

信仰とは祈ることであります。祈ることができるということであります。祈りという美しい文章を作ろうとしないことです。自らの中にある切実な求めを神に投げかけるのです。人間の目には隠されていた神の創造の現実が立ち現れてきます。

主イエスは言われました。

「あなたがたがわたしの名によって何かを父に願うならば、父はお与えになる。今までは、あなたがたはわたしの名によっては何も願わなかった。願いなさい。そうすれば与えられ、あなたがたは喜びで満たされる。」（ヨハネ一六・二三―二四）

キリストによって救われたということは、キリストを通して父なる神の前にひき入れられたということです。キリストによって清められ神の子とされているということです。神はなんとしてでも私たちと出会うことを求めていてくださるのです。父と子という切実なつながりにおいて。

「あなたがたは喜びで満たされる。」

救われた私たちの喜びは子として神と交わるということであり、あらゆる事柄について神から答えをいただきながら生きることができるということです。

祈りは求め（私たちの飢え渇き）から始まる――それでいいのでしょうか。感謝や讃美はなくていいのでしょうか。いいのです。求めた人は答えていただけるのです。父となってくださった神は、子としてくださった者の祈りに必ず答えてくださいます。そうして、思いがけない答えをいただきながら、人の思いをはるかに超えた答えをいただきながら自ら感謝は生まれるのです。讃美しないではいられない喜びが与えられるのです。

祈りは義務ではありません。祈らなければならないから祈るのではありません。祈らないではいられないから祈るのです。

むかし鉄人と呼ばれたプロ野球選手がいました。広島カープの衣笠祥雄《きぬがささちお》選手です。彼は十七年間にわたり一試合も休まずグランドに出つづけました。デッドボールを受け指の骨を折っても打席に立ちました。その彼もスランプに陥ることがありました。日頃人一倍練習する選手でしたがスランプに陥るとさらに激しく練習しました。ある人が彼にアドバイスしました。「衣笠よ、たまには練習を休んだらどうだ。気分転換をしたら調子が戻るかもしれないぞ」。衣笠は答えました。

「ぼくには練習を休む勇気はありません！」

祈りもそうだと思います。

生きていれば毎日迫ってくるいろいろな問題があります。人とのトラブル。家族のこと。政治の心配。自分のひき起こす出来事のあれこれ。傷つけられたり傷つけたり。

祈らないではいられないのです。父なる神の導きと癒やしを求めないではいられないのです。

「私には祈りを止《や》める勇気はありません！」

旧約聖書の中の「詩編」は祈りの書です。実に多様な祈りが集められています。讃美があり感謝があり嘆きがあり悔い改めがあります。懇願があり訴えがあります。敵を打ち倒して欲しいという祈りも少なくありませんし、敵の子どもたち、幼な子にまで審きが及ぶようにという祈りもあります。そういう祈りはしてはならない、ということはありません。祈りは祈っていく中で変えられるのです。祈っていく中で高められるのです。神に向き合い神からの答えを受けとりながら人は変えられるのです。祈りの中で自分が打ち砕かれ、神の聞いてくださる恵みの世界を見せていただき、いつかどこかで感謝し讃美するように導かれます。八木重吉の詩を思い出します。

わたしは
かわったとはおもわない
ひとが　わたしをかわったとおもふならむりもない

わたしは太陽をみつめてあるいてゐるんだもの
よろめいてゐるのであっても
じぶんはいつも太陽ばかりをみてゐるんだから（「み名を呼ぶ」より）

詩編二三編は詩編の中でもっともよく知られ愛唱されている詩であります。次のような言葉で始まっています。

「主は羊飼い、わたしには何も欠けることがない。
主はわたしを青草の原に休ませ
憩いの水のほとりに伴い
魂を生き返らせてくださる。」（詩編二三・一―三）

羊は羊飼いに導かれ、青草の原に解放されたのです。襲いくる何ものからも守られて、安らぎ跳びはねることもできます。渇けば水のほとりに憩うこともできます。救われたということは解放されたということです、解放されたものは目を上げます。歌います。満腔の喜びと信頼をもって天にいます父なる神に自分を投げ出しゆだねます。

祈らなければならないのではありません。

祈ることができるのです。

それが羊である私たちの力と慰めのすべてです。

それ以外何にもありません。

あとがき

　近年、日本の教会では中高年になって受洗される方が増えています。そういう方々を意識して執筆しました。もう一つ願ったことは長く信仰生活を続けて来られた方々の参考になれば、ということです。筆者の旧著『わかりやすい教理』の延長線上にこの小書を位置づけることができれば、というのがひそかな願いです。

　この主題を提案してくださった日本キリスト教団出版局の飯光さん、実務に当ってくださった土肥研一さん、日高詩織さんに感謝いたします、この時代にパソコンもインターネットも使えない著者の手書きの原稿を解読し整えてくださいました。

二〇一七年　秋

小島　誠志

小島　誠志（おじま・せいし）

1940年、京都市に生まれる。
1958年、日本基督教団須崎教会（高知県）で受洗。
1966年、東京神学大学大学院修了。
高松教会、一宮教会（香川県）、松山番町教会を経て、
2012年、久万教会（愛媛県）に赴任し、現在に至る。

著書
『わかりやすい教理』（日本キリスト教団出版局）、
『牧師室の窓から』（同）、
『祈りの小径』（同）、
『神の朝に向かって』（教文館）、
『夜も昼のように』（共著、同）、
『虹の約束』（同）など。

55歳からのキリスト教入門 イエスと歩く道

2018年3月10日　初版発行

著者　小 島 誠 志

発行　日本キリスト教団出版局

169-0051　東京都新宿区西早稲田2丁目3の18
電話・営業 03（3204）0422　編集 03（3204）0424
http://bp-uccj.jp

印刷・製本　三松堂

ISBN978-4-8184-0997-2 C0016
Printed in Japan

小島誠志牧師の本

わかりやすい教理

● B6判／208ページ／2,200円

求道者や受洗したばかりの信徒のために、「使徒信条」を、自らの体験や文学作品を引用しながらわかりやすく、味わい深く解説する。

牧師室の窓から

● 四六判／120ページ／1,300円

牧師として歩んだ喜怒哀楽に富む人生の軌跡を、包み隠さず述べた本音のエッセイ12篇と、愛憎をめぐる「ことばの黙想」3篇を収録。

祈りの小径

小林 恵　写真

● A5判／64ページ／1,800円

悩めるとき、病むとき、癒やしを必要とするとき、いかなるときにも、神さまは私たちのことを覚えて、恵みを与えてくださる。そんな日々の信仰生活を支える祈りを紹介する。

主の招く声が　召命から献身へ

今橋 朗、大澤 秀夫、本田 哲郎 他

● 四六判／210ページ／2,000円

なぜ、牧師・司祭になったのですか？　一度はたずねてみたいこの質問に、14人がそれぞれに生涯を振り返り、「主の招く声」を繰り返し聴いてきたことを証しする。

価格は本体価格です。重版の際に価格が変わることがあります。